차시	날짜	빠르기	정확도	확인란
1	월 일	타	%	
2	월 일	타	%	
3	월 일	타	%	
4	월 일	타	%	
5	월 일	타	%	
6	월 일	타	%	
7	월 일	타	%	
8	월 일	타	%	
9	월 일	타	%	
10	월 일	타	%	
11	월 일	타	%	
12	월 일	타	%	

차시	날짜	빠르기	정확도	확인란
13	월 일	타	%	
14	월 일	타	%	
15	월 일	타	%	
16	월 일	타	%	
17	월 일	타	%	
18	월 일	타	%	
19	월 일	타	%	
20	월 일	타	%	
21	월 일	타	%	
22	월 일	타	%	
23	월 일	타	%	
24	월 일	타	%	

이 책의 목차

1 · 006 환경미화원이 되어볼까?

2 · 012 방송연출가 PD의 예능 퀴즈

3 · 018 우리 마을을 지켜주는 경찰관

4 · 024 역사를 이어가는 문화재보존가

9 · 050 시각디자이너의 포스터 작업!

10 · 056 동물사육사의 미션!

11 · 062 제과제빵사의 추천 디저트

12 · 068 해바라기 반 유치원교사

17 · 094 연예인의 일정 관리 비법

18 · 100 패션디자이너의 의상 선택은?

19 · 106 도서관 사서의 책 분류하기!

20 · 112 요리사의 추천 코스 메뉴

5 030
컨셉에 맞추어 변신,
분장사

6 036
물건의 가치를 더하는
상품기획자

7 042
여행상품 개발자의
추천 여행지!

8 048
이만큼 배웠어요

13 074
인테리어디자이너
의 실내 장식

14 080
만화가의 시나리오

15 086
언어의 마술사
통역가

16 092
이만큼 배웠어요

21 118
빠르고 정확한 계산,
은행원
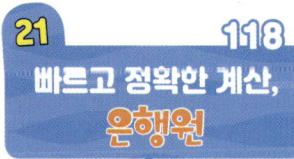

22 124
마술사는 어떻게
그림을 그릴까?

23 130
운동선수
관련 상식 퀴즈!
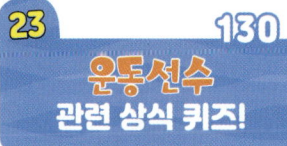

24 136
이만큼 배웠어요

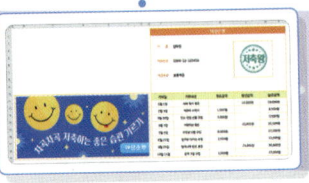

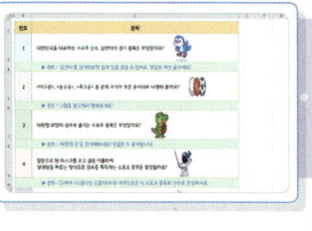

엑셀 주요 기능 미리 살펴보기!

step 1.
엑셀을 실행하여 파일을 불러와요!

❶ [시작(⊞)]을 클릭하고 ✕🗎 Excel 2016 을 찾아 선택하면 엑셀 2016 프로그램이 실행돼요.

❷ 예제 파일을 불러오기 위해서 **[다른 통합 문서 열기]**를 클릭해요.

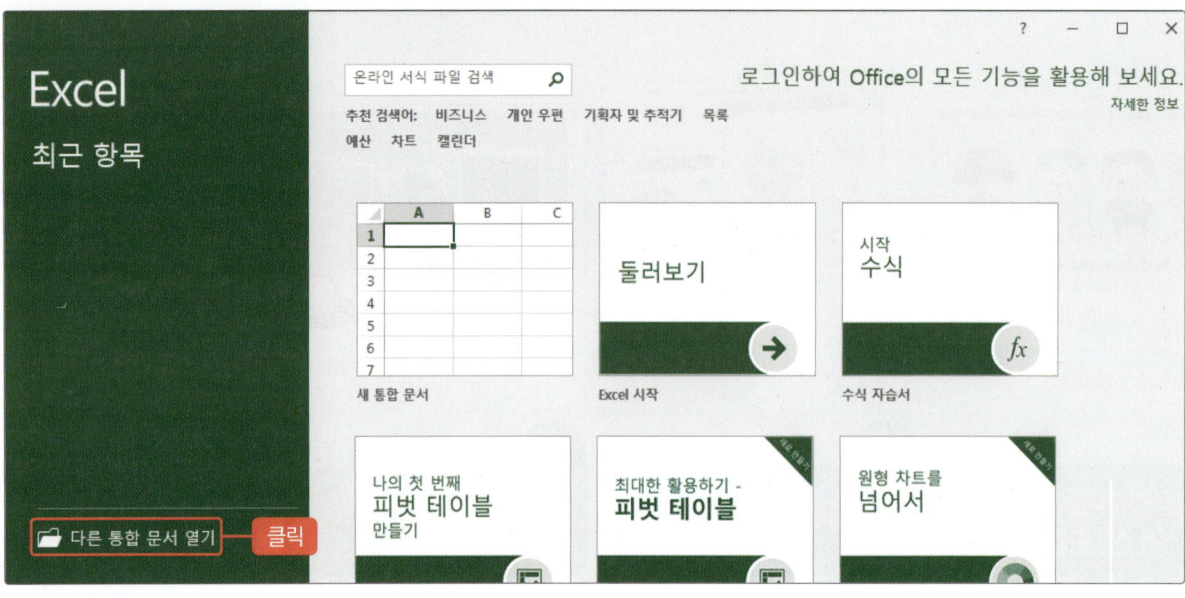

❸ 다음과 같은 화면이 나오면 [찾아보기]를 클릭해요.

❹ [열기] 대화상자가 나오면 [불러올 파일]-[Chapter 00]-**직업이야기.xlsx** 파일을 선택한 다음 <열기>를 클릭해요.

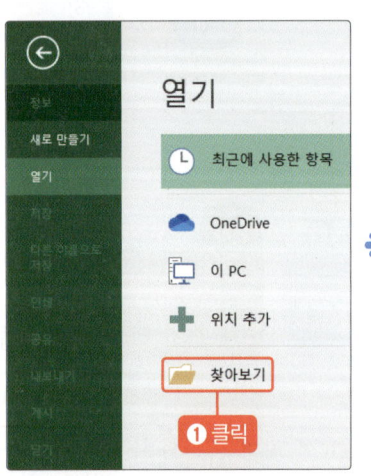
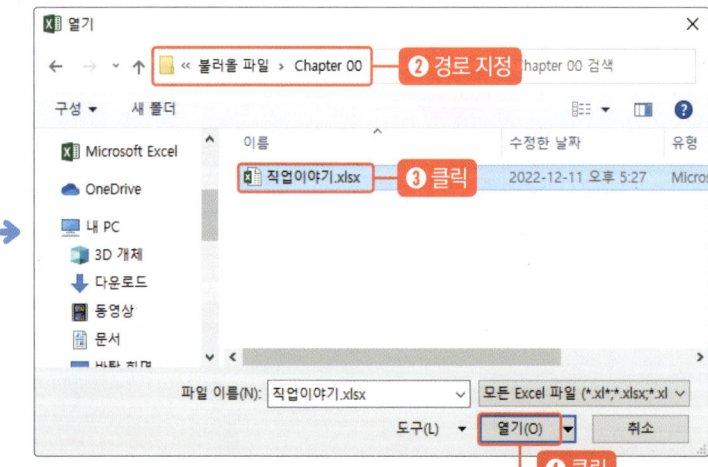

> 팁 **대화상자가 뭐예요?**
> 컴퓨터와 사람이 서로 대화를 할 수 있도록 제공되는 특별한 창을 대화상자라고 불러요. 컴퓨터가 사람에게 무언가를 알려주거나, 입력(선택)을 요청하지요.

❺ 불러온 파일을 확인한 다음 문서를 작업할 수 있어요.

step 2. 파일을 저장해요!

❶ [파일]-[저장]을 누르거나 메뉴에서 (저장)을 눌러요.

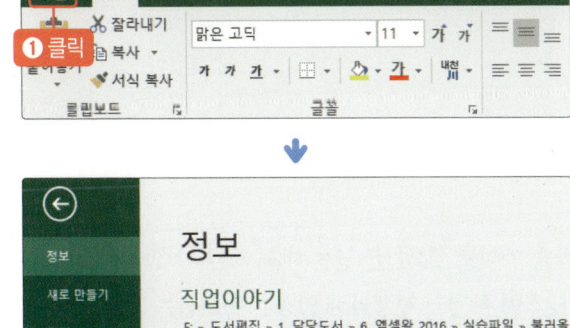

팁 다른 이름으로 저장

[저장] 아래를 보면 [다른 이름으로 저장] 메뉴가 있어요. 이 기능을 이용하면 새로운 이름으로 원하는 경로에 작업 중인 문서를 저장할 수 있답니다.

01 환경미화원이 되어볼까?

배 우 는 기 능

★ 엑셀 프로그램에 대해 알아보아요.
★ 셀의 개념을 익히고 셀을 병합하는 방법을 연습해요.

▶ 실습파일 : 환경미화원.xlsx   ▶ 완성파일 : 환경미화원(완성).xlsx

완성 작품 미리보기

재미난 직업이야기

　　환경미화원은 우리 동네를 깨끗하게 유지할 수 있도록 거리를 청소하는 일을 해요. 또한 가정에서 배출한 쓰레기를 새벽 또는 밤늦게 운반하는 역할도 한답니다. 주변 환경을 청결하게 만들고 정리하는 것을 즐거워한다면 우리 모두 환경을 책임질 수 있는 충분한 자질이 있겠죠? 참, 환경미화원이 되기 위해서는 체력을 단련하는 것도 중요하다고 하네요!

알파벳과 숫자가 만나는 위치가 셀 주소예요. 오른쪽 셀 주소에 맞추어 스티커 를 붙여보세요.

1 엑셀 프로그램을 실행한 후 실습 파일을 불러와요!

① 엑셀 2016 프로그램을 실행해요.

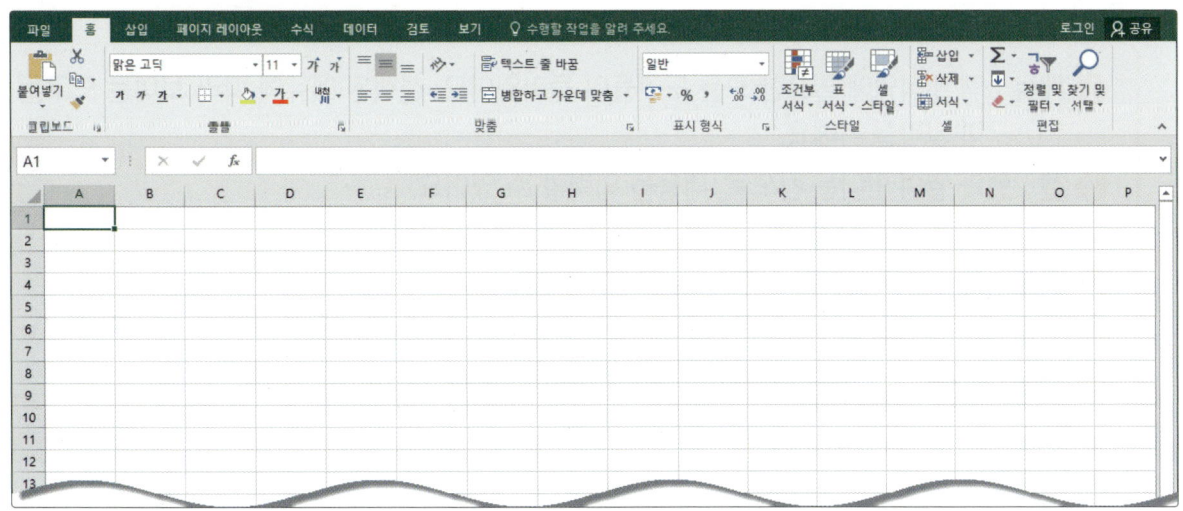

❷ [파일]-[열기]-[찾아보기]를 클릭해요.

❸ [불러올 파일]-[Chapter 01_환경미화원]-**환경미화원.xlsx** 파일을 선택하고 <열기>를 클릭해요.

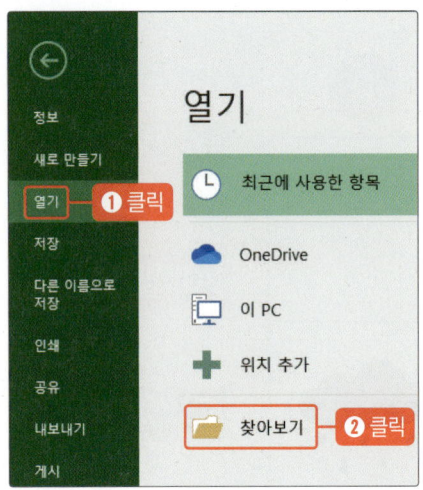
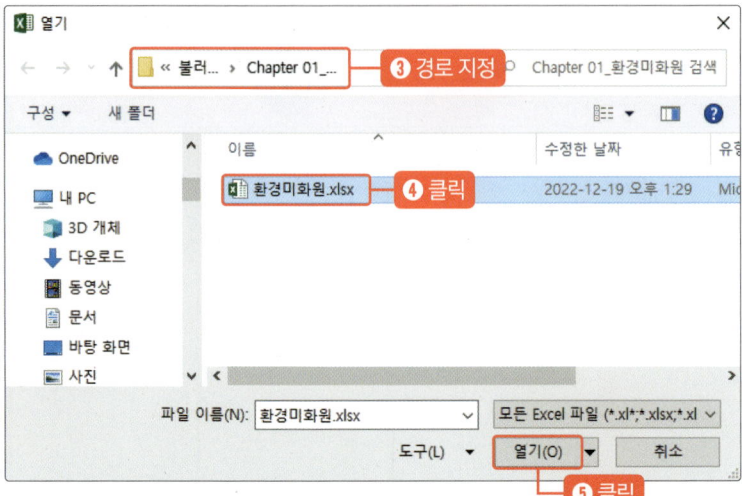

❹ 불러온 파일을 이용하여 엑셀의 화면 구성을 살펴볼까요? 꼭꼭 필요한 내용으로만 구성했답니다.

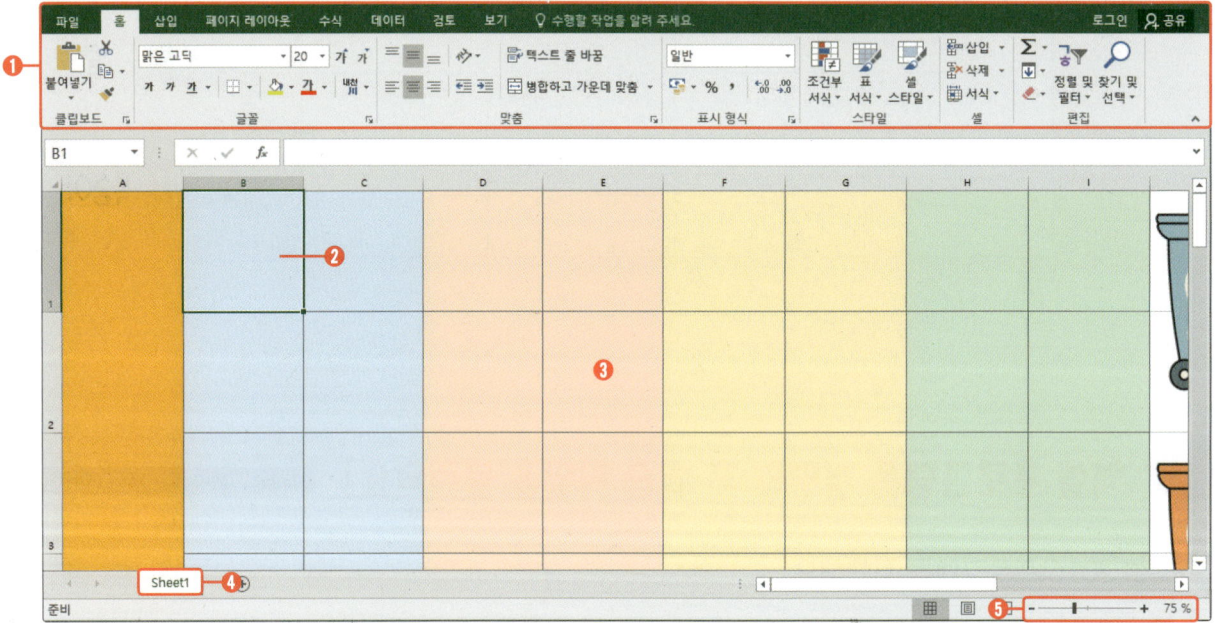

❶ **메뉴** : 엑셀 작업에 필요한 모든 도구들이 들어있어요. 선택된 메뉴에 따라 보이는 도구들이 달라질 거예요.

❷ **셀** : 행과 열이 만나는 칸으로, 내용을 입력할 수 있어요.
　　　1, 2, 3 … 숫자를 '행', A, B, C 알파벳을 '열'이라고 해요.

❸ **워크시트** : 모든 작업이 이루어지는 페이지예요.

❹ **시트 탭** : 새로운 워크시트를 추가하거나 복사, 삭제할 수 있어요.

❺ **확대/축소** : 작업 중인 워크시트를 크게 또는 작게 볼 수 있어요.

② 셀을 병합해요!

❶ 아래 그림과 같이 **[B1]** 셀을 클릭한 다음 **[C2]** 셀까지 드래그 해보세요.

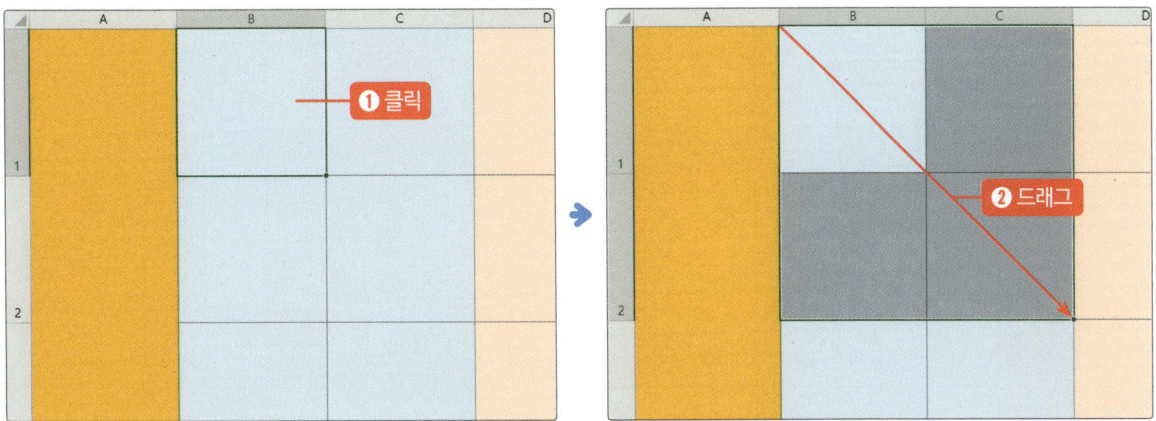

❷ [홈]-[맞춤]-**[병합하고 가운데 맞춤]**을 클릭하여 하나의 셀로 만들 수 있어요.

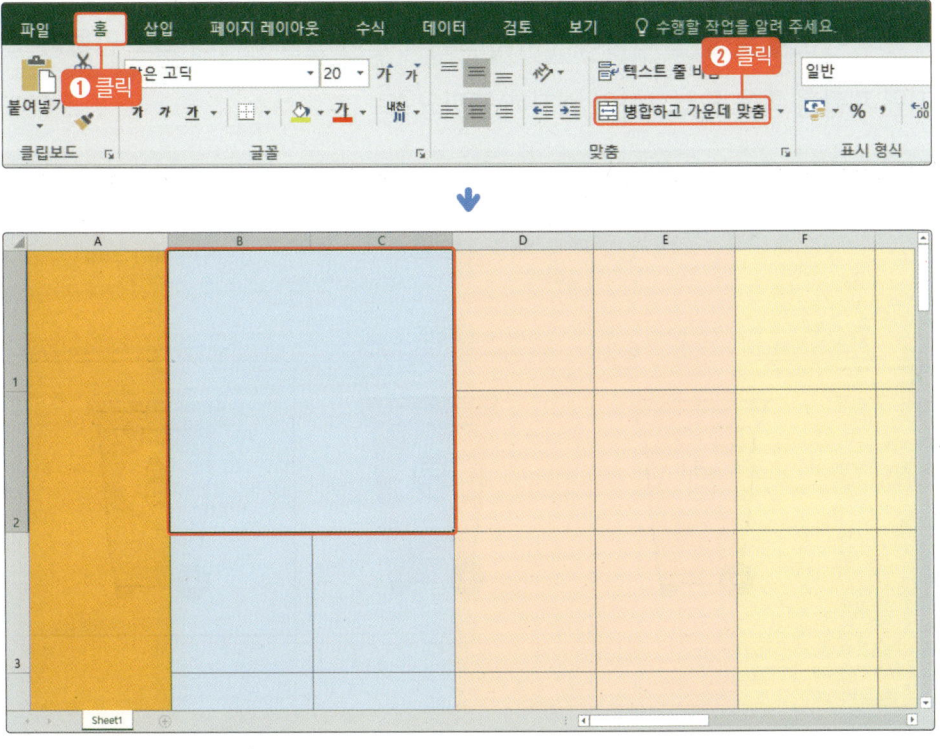

셀과 병합에 대해 알아보아요!

- 셀 : 데이터를 입력하거나 특정 위치를 부를 때 사용하는 것으로, 행과 열이 만나는 하나의 칸을 의미해요.
- 병합 : 2개 이상의 셀을 하나의 셀로 합치는 것을 말해요.

알맞은 셀로 그림을 이동시켜요!

❶ 병합된 **[B1:C2]** 셀의 위치에 **유리** 재활용 통을 드래그해요.

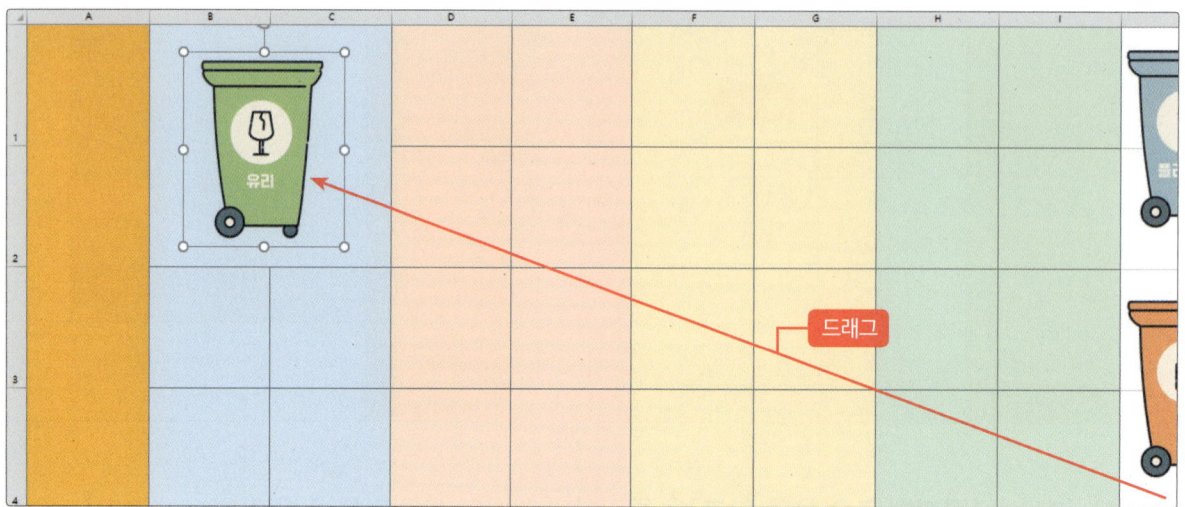

❷ [홈]-[맞춤]-**[병합하고 가운데 맞춤]**을 이용하여 아래 그림과 같이 셀을 하나의 셀로 만들어 보세요.

❸ 셀이 하나로 합쳐지면 재활용 통을 드래그하여 배치해 볼까요?

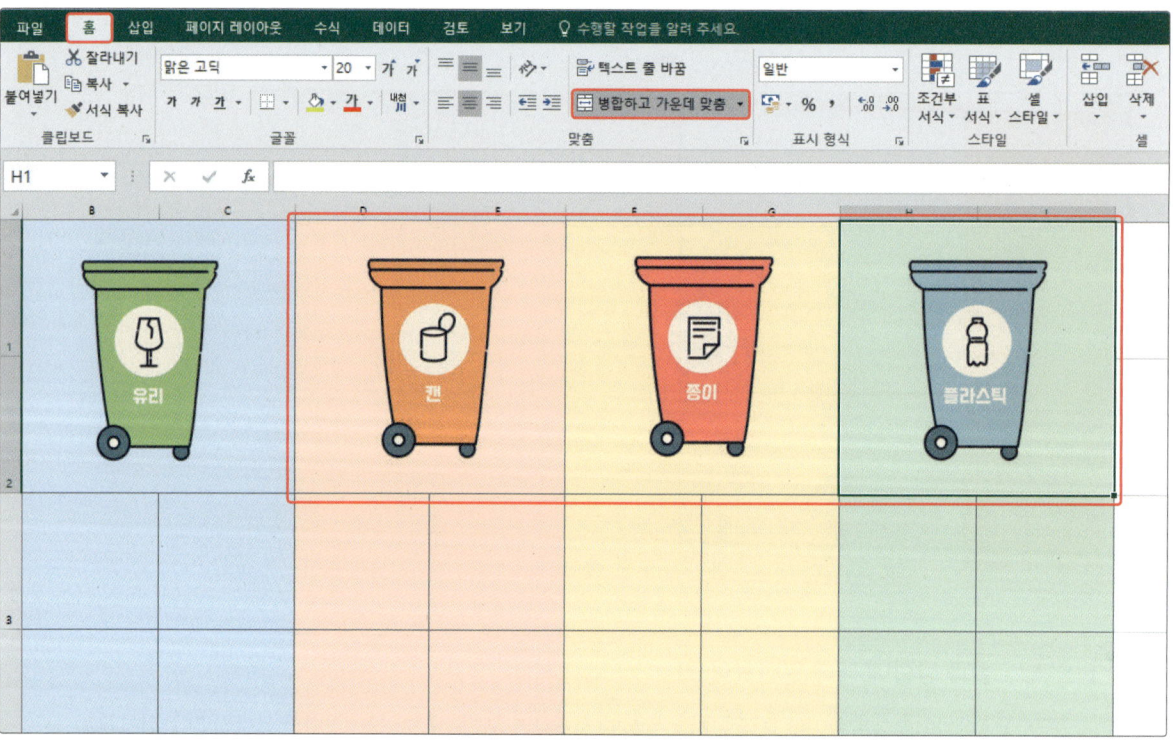

작품을 완성해요

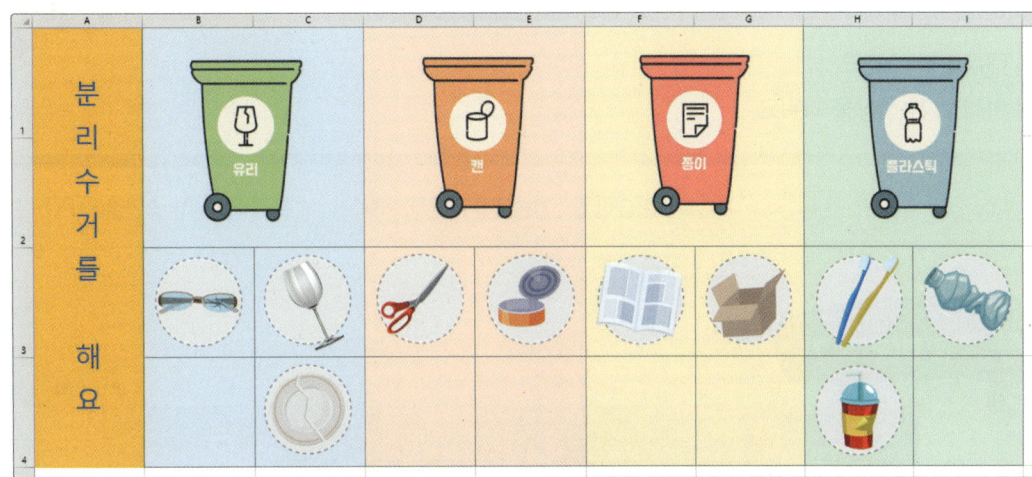

① 미리 병합된 [A1:A4] 셀에 내용을 입력한 다음 Enter 를 눌러 제목을 완성해요.
② 시트 오른쪽의 그림들을 드래그하여 재활용 통에 알맞게 배치하여 분리수거를 해보세요. Alt 를 누른 채 드래그하면 셀 안으로 그림이 쏙~ 들어간답니다.

스스로 만들어요

- 실습파일 : 환경미화원_연습문제.xlsx
- 완성파일 : 환경미화원_연습문제(완성).xlsx

<보기>

· [B3], [D4] → 나비

· [F3], [A5] →
· [C3], [A2] →
· [E3], [G4] →
· [G3], [E2] →
· [F4], [B5] →

① 셀 주소를 읽는 연습을 해볼게요. 보기를 참고하여 셀 주소의 글자를 조합해 단어를 찾아보세요.
② 내가 찾은 단어를 셀 주소와 함께 적어보세요. (예 : [D5], [E5] → 가구)

02 방송연출가 PD의 예능 퀴즈

배우는 기능

★ 셀에 테두리를 그려요.
★ 셀에 여러 가지 색상을 채워요.

▶ 실습파일 : 방송연출가(PD).xlsx   ▶ 완성파일 : 방송연출가(PD)(완성).xlsx

완성 작품 미리보기

질문을 읽고 정답 단어를 찾아 보세요!

	A	B	C	D	E	F	G	H	I	J	K	L	M	N	O
3		김	충	양	베	카	린	백	황	귀	말	휴	람	중	곡
4		후	종	수	뚜	의	성	메	종	잘	점	복	면	가	왕
5		소	나	국	리	로	아	망	유	원	편	락	자	메	면
6		선	퀴	정	집	지	일	두	실	곤	빙	푸	광	감	자
7		교	장	끼	미	석	월	실	내	화	도	들	윤	소	이
8		북	별	토	가	진	근	일	로	절	푸	모	누	양	강
9		초	기	디	선	준	돌	명	동	물	농	장	름	도	형
10		송	안	카	죽	탐	정	주	마	카	명	감	코	빈	욱
11		단	나	은	구	린	빅	미	화	러	피	엑	여	금	스
12		렌	코	콜	제	마	우	스	선	쇄	신	셀	강	중	야
13		방	사	중	직	구	당	레	남	느	장	트	문	표	구
14		귀	리	유	축	방	니	배	붕	난	농	생	빈	구	이
15		트	발	포	재	바	좌	나	인	전	참	시	적	다	콕
16		재	담	리	릿	석	린	장	대	난	작	기	하	목	라

재미난 직업이야기

　　방송 연출가는 라디오나 텔레비전의 프로그램을 기획하고 제작하는 일을 해요. 완성된 대본을 평가하고 배우의 의상, 무대 배경, 음악, 카메라 작업, 시간 배정 등을 여러 제작진들과 토의해서 결정하지요. 촬영 일정이 정해지면 장소 섭외, 무대 배경 설치, 소품과 장비 준비 등 전반적인 일을 지시하며 촬영을 총 지휘합니다. 방송연출가(PD)가 되기 위해서는 방송사의 시험을 통과해야 한답니다.

창의 놀이터

끝말잇기를 통해 빈칸의 단어를 완성해 보세요.

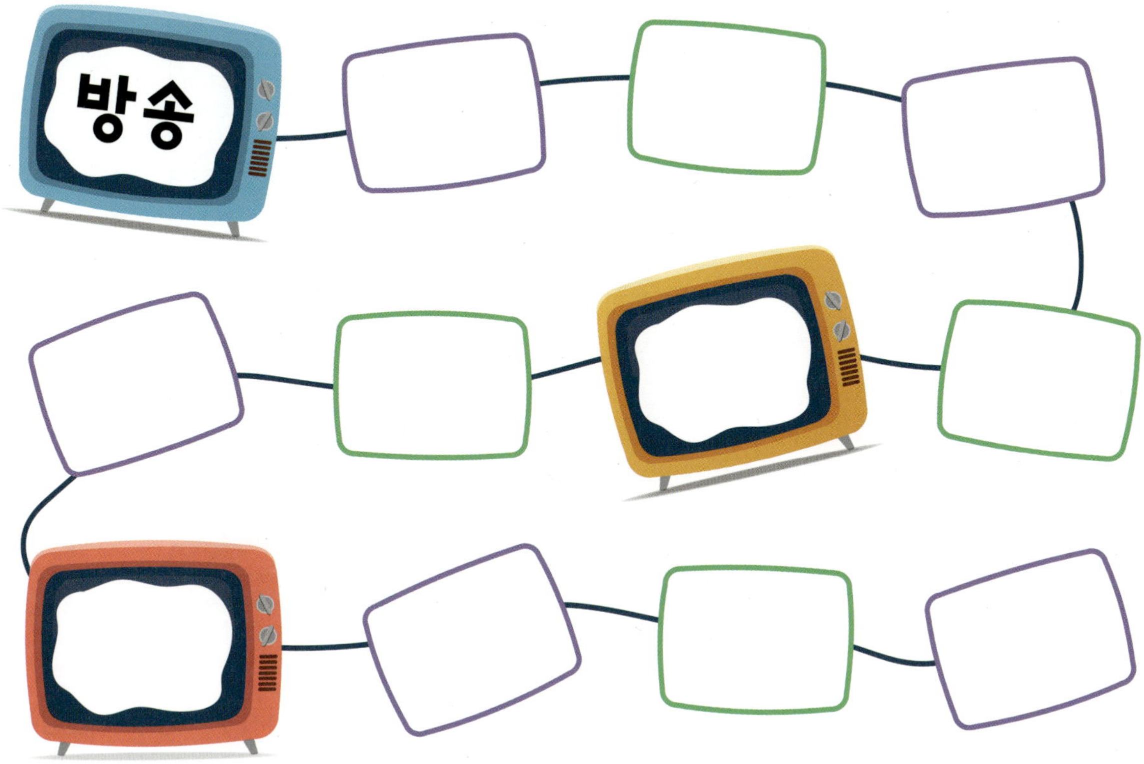

방송

1 셀 주변에 테두리를 만들어요!

① 엑셀 2016 프로그램을 실행하여 [Chapter 02_방송연출가]-**방송연출가(PD).xlsx** 파일을 불러와요.

❷ [B3] 셀부터 [O16] 셀을 드래그해요.

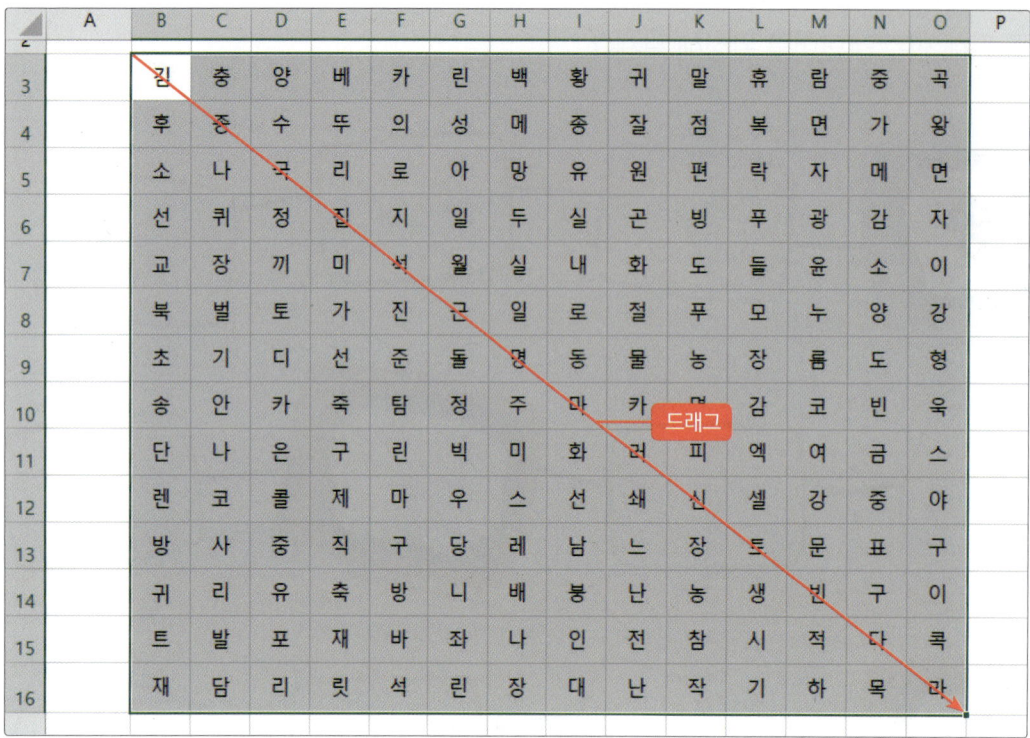

❸ [홈]-[글꼴]-[테두리]-[선 색] → 원하는 색상을 선택하여 마우스 포인터가 ✏ 모양으로 변경된 것을 확인해요.

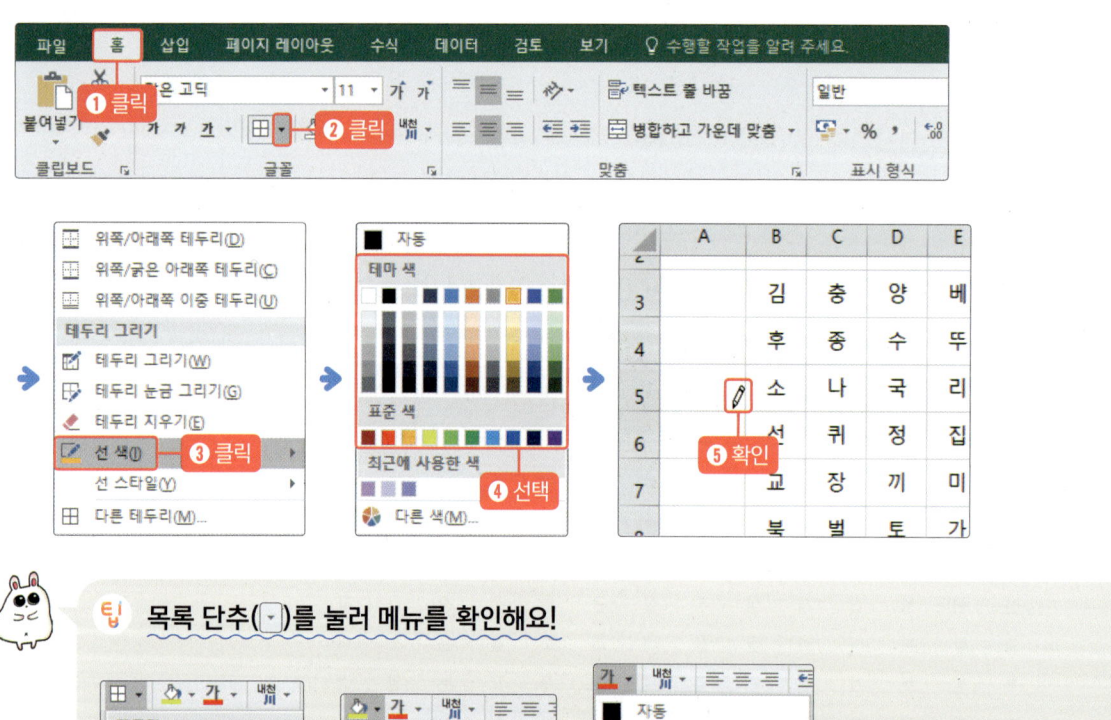

목록 단추(▼)를 눌러 메뉴를 확인해요!

▲ 테두리 ▲ 채우기 색 ▲ 글꼴 색

❹ [홈]-[글꼴]-[테두리] → **[모든 테두리]**를 클릭하여 선택된 색상의 테두리를 적용해요.

❺ 이번에는 바깥쪽에 두꺼운 테두리를 만들어 볼게요. [B3:O16] 범위가 선택된 상태에서 **[굵은 바깥쪽 테두리]**를 클릭해요.

2 셀에 색을 채워요!

❶ 방송과 관련된 퀴즈 문제를 읽고 답을 적어보세요.

문제	우리나라의 유명 요리 연구가이면서 음식 관련 사업가이기도 해요. 충청도 사투리를 쓰는 것이 특징으로 구수하고 친근한 인상을 풍기며, '백주부'라는 별명을 가지고 있어요. 이 사람의 이름은 무엇일까요?
정답	

❷ 셀에 색을 채워서 정답을 표시해보도록 할게요. [H3] 셀을 선택한 다음 Ctrl을 누른 채 [I4], [J5] 셀을 각각 클릭해요.

❸ [홈]-[글꼴]-[채우기 색] → 원하는 색상을 선택하여 셀에 색을 채워보세요.

팁 2개 이상의 셀을 선택해요!
- 붙어 있는 셀을 선택할 때는 드래그를 이용해요.
- 떨어져 있는 셀을 연속으로 선택할 때는 Ctrl을 눌러 선택할 수 있어요.

❹ 방송과 관련된 문제를 읽고 답을 적어본 다음 표에서 찾아 해당 셀에 색을 채워주세요.

문제	매주 일요일 아침에 방송하는 프로그램으로, 인간과 동물의 소통을 다루고 있어요. 강아지, 새, 원숭이, 고양이 등 다양한 동물의 사연이 등장하며 수의사와 동물 행동 전문가의 도움을 받기도 해요. 이 프로그램의 이름은 무엇일까요?
정답	

작품을 완성해요

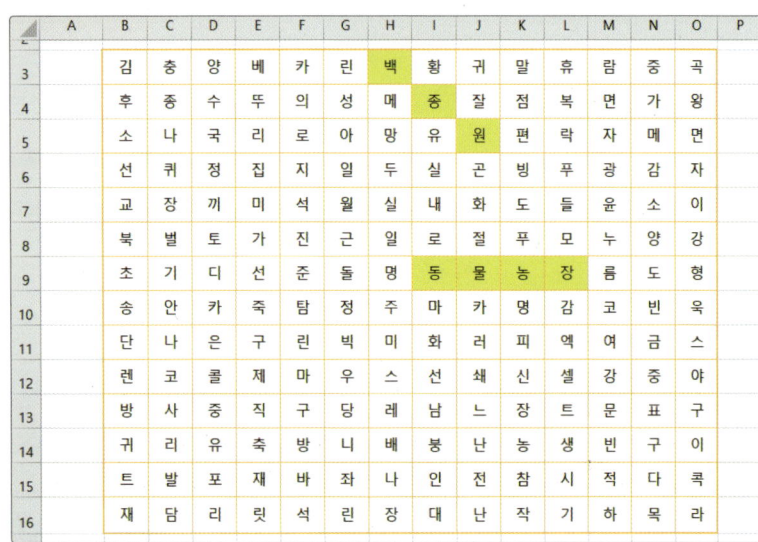

① 아래 키워드를 읽고 표에서 정답을 찾아 셀에 색을 채워보세요.
- 미우새, 런닝맨, 몸짱
- 가면, 가왕, 노래
- 런닝맨, 맏형, 왕코
- 메뚜기, 안경, MC
- 연예인, 매니저, 이영자
- 나 혼자 산다, 웹툰, 84년생
- 강아지, 개통령, 세나개

② 다양한 단어를 찾아 셀에 색을 채워보세요.(엑셀, 마우스 등)

스스로 만들어요

- **실습파일** : 방송연출가(PD)_연습문제.xlsx
- **완성파일** : 방송연출가(PD)_연습문제(완성).xlsx

	B	C	D	E	F	G
2	빨간색	꽃게	🦀	남색	청바지	🕺
3	주황색	당근	🥕	보라색	포도	🍇
4	노란색	병아리	🐥	분홍색	문어	🐙
5	초록색	완두콩	🫛	회색	코끼리	🐘
6	파란색	고래	🐋	갈색	쿠키	🍪

① [B2:G6] 셀에 원하는 색상의 테두리를 자유롭게 지정해요.

② 'B' 열과 'E' 열 셀에 입력된 색상 이름과 동일한 색을 채워보세요. [채우기 색] → [다른 색]을 선택하면 '분홍색'과 같은 다양한 색상을 찾을 수 있어요.

③ 시트 오른쪽의 그림을 드래그하여 배치해주세요.

03 우리 마을을 지켜주는 경찰관

배우는 기능

★ 행과 열의 개념을 배워요.
★ 행의 높이와 열의 너비를 조절해요.

▶ 실습파일 : 경찰관.xlsx   ▶ 완성파일 : 경찰관(완성).xlsx

완성 작품 미리보기

재미난 직업이야기

경찰관은 국민의 생명과 재산을 보호하고 범죄를 막는 일을 해요. 크고 작은 범죄를 예방하기 위해 담당 관할 지역을 항시 순찰하고 있는 덕분에 나라는 안정과 질서가 유지될 수 있지요. TV에 나오는 것처럼 범죄 사건을 파헤쳐 수사하고, 범죄자를 체포하는 정의로운 일도 한답니다. 경찰관이 되기 위해서는 추리력과 판단력, 강인한 체력과 순발력이 필요해요.

창의 놀이터

교통 안전 표지판에 관련된 내용을 읽고 알맞은 위치에 표지판 를 붙여보세요.

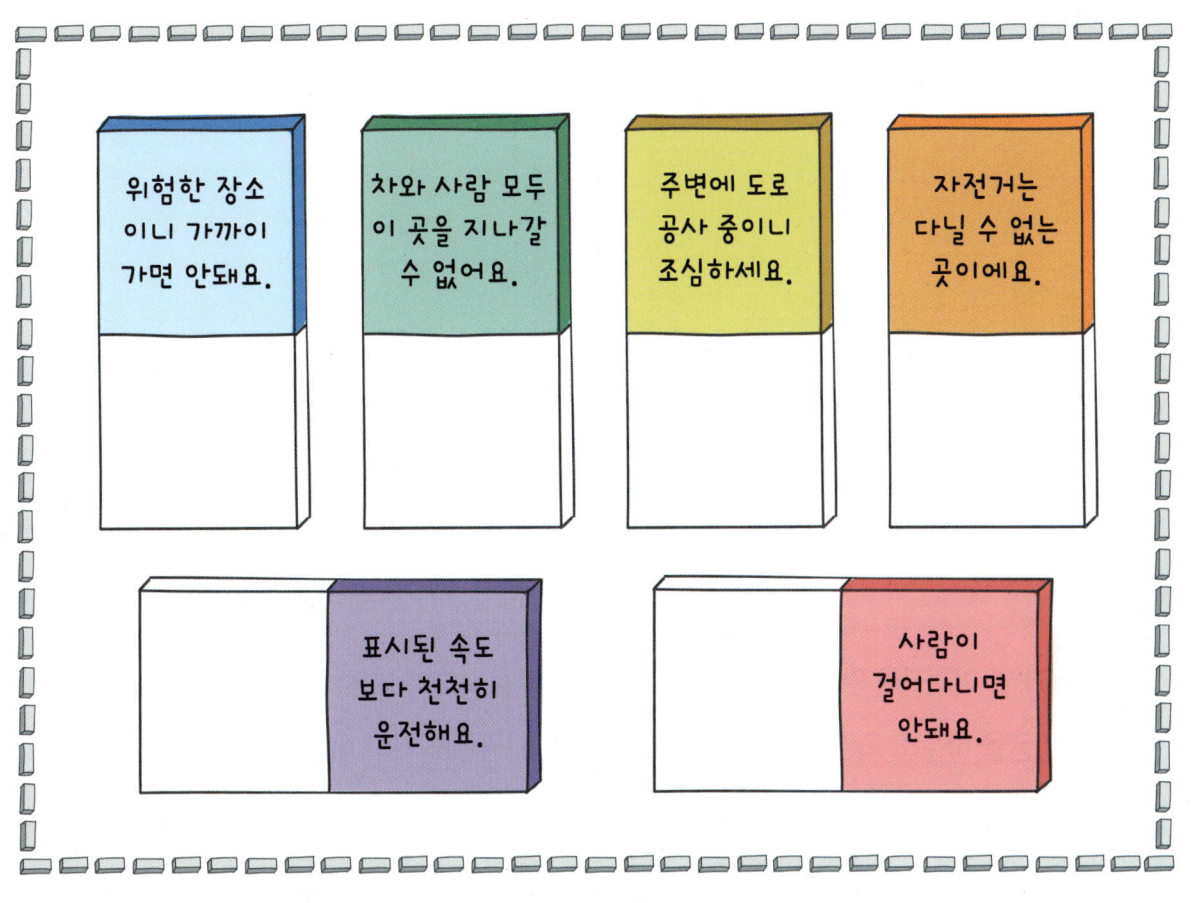

1 행과 열에 대해 알아보아요!

① 엑셀 2016 프로그램을 실행하여 [Chapter 03_경찰관]-**경찰관.xlsx** 파일을 불러와요.

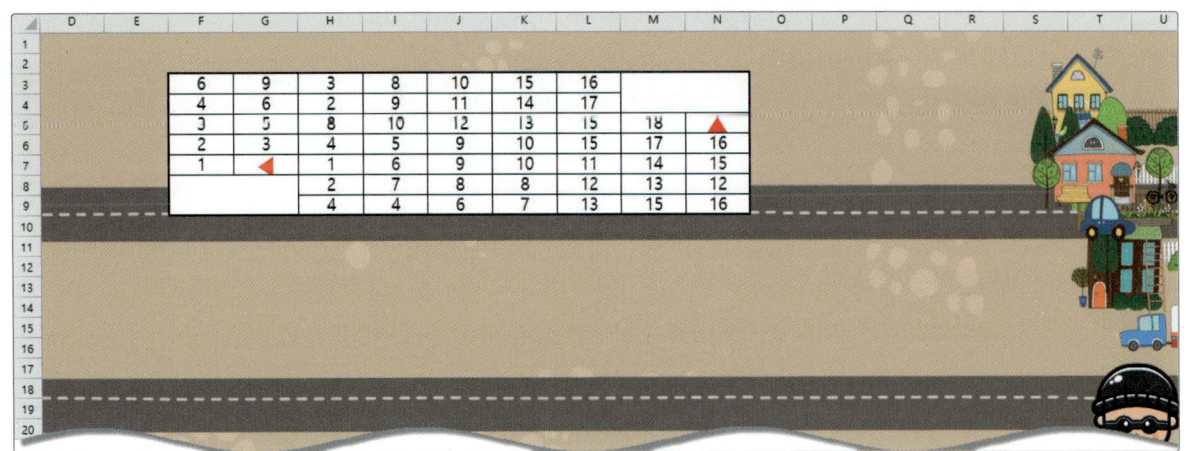

❷ 먼저 행과 열에 대해 알아보도록 할게요. 엑셀 프로그램 화면에서 숫자가 있는 셀을 '행', 알파벳이 있는 셀을 '열'이라고 부르기로 했어요.

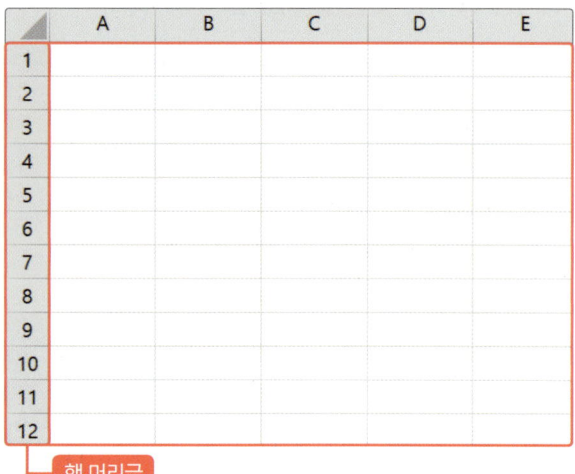
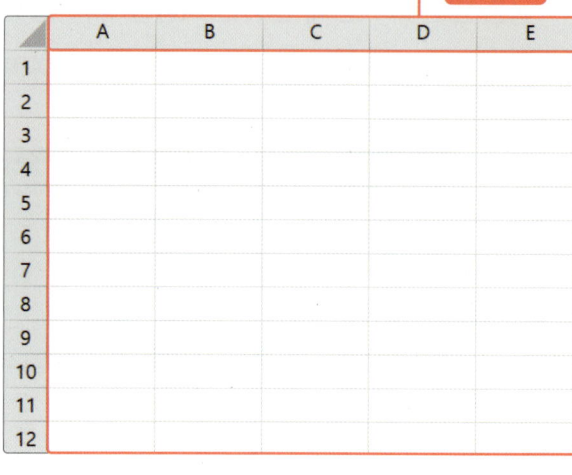

❷ 전체 행의 높이와 열의 너비를 조절해요!

❶ 행 머리글과 열 머리글이 만나는 위치의 아이콘(◢)을 클릭하여 모든 셀을 선택해요.

❷ 4행의 머리글을 마우스 오른쪽 버튼으로 눌러 **[행 높이]**를 선택하고 **60**을 입력해요.

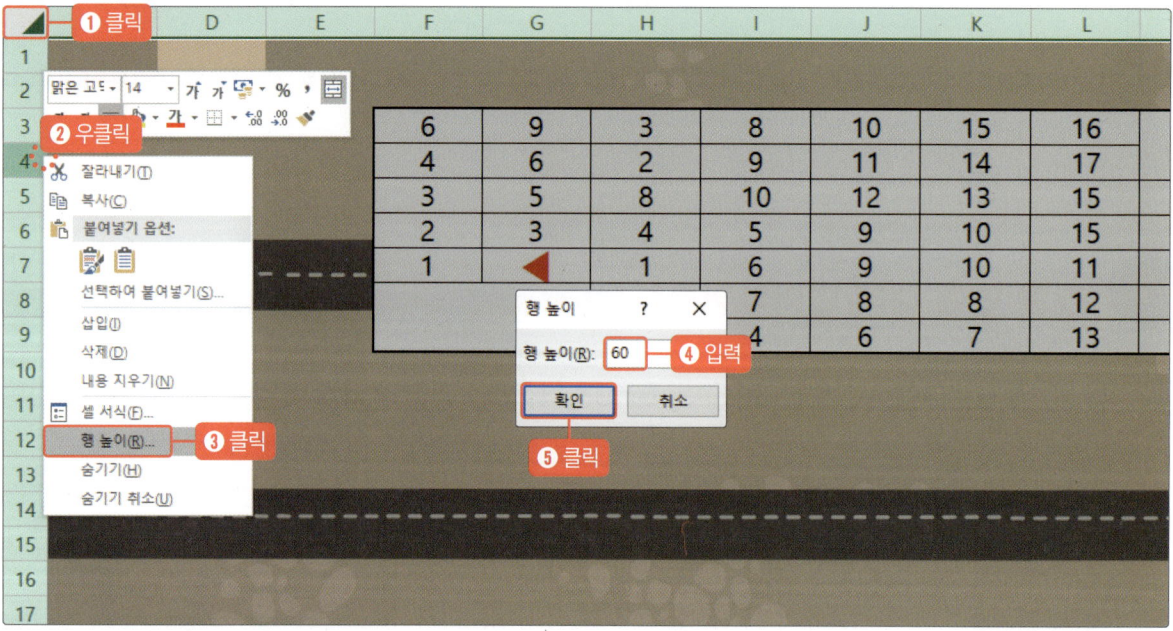

 팁 행 높이 조절하기!
◢를 클릭한 다음 행 높이를 작업했기 때문에 전체 행의 높이가 한 번에 변경될 거예요.

③ 모든 셀이 선택된 상태에서 G열의 머리글을 마우스 오른쪽 버튼으로 눌러 **[열 너비]**를 선택하고 **11**을 입력해요.

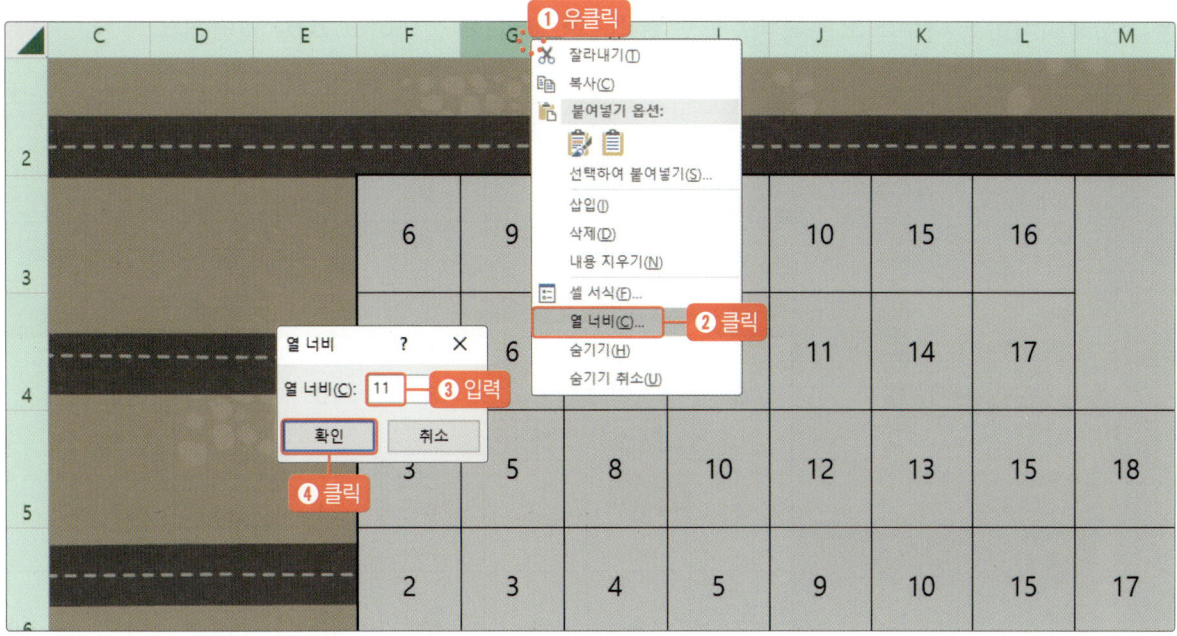

④ 행 높이와 열 너비가 변경된 것을 확인해 보세요.

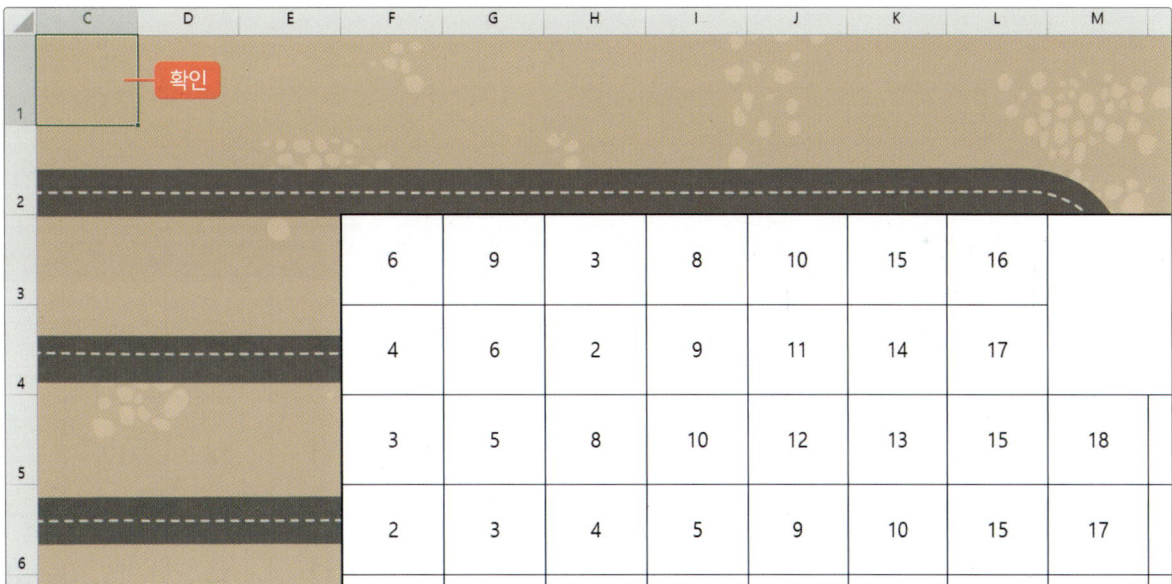

 특정 행의 높이를 조절해요!

❶ 1행의 머리글을 마우스 오른쪽 버튼으로 눌러 [행 높이]를 선택하고 20을 입력해요.

❷ 변경된 1행의 높이를 확인한 다음 2행의 높이를 100으로 지정해 보세요.

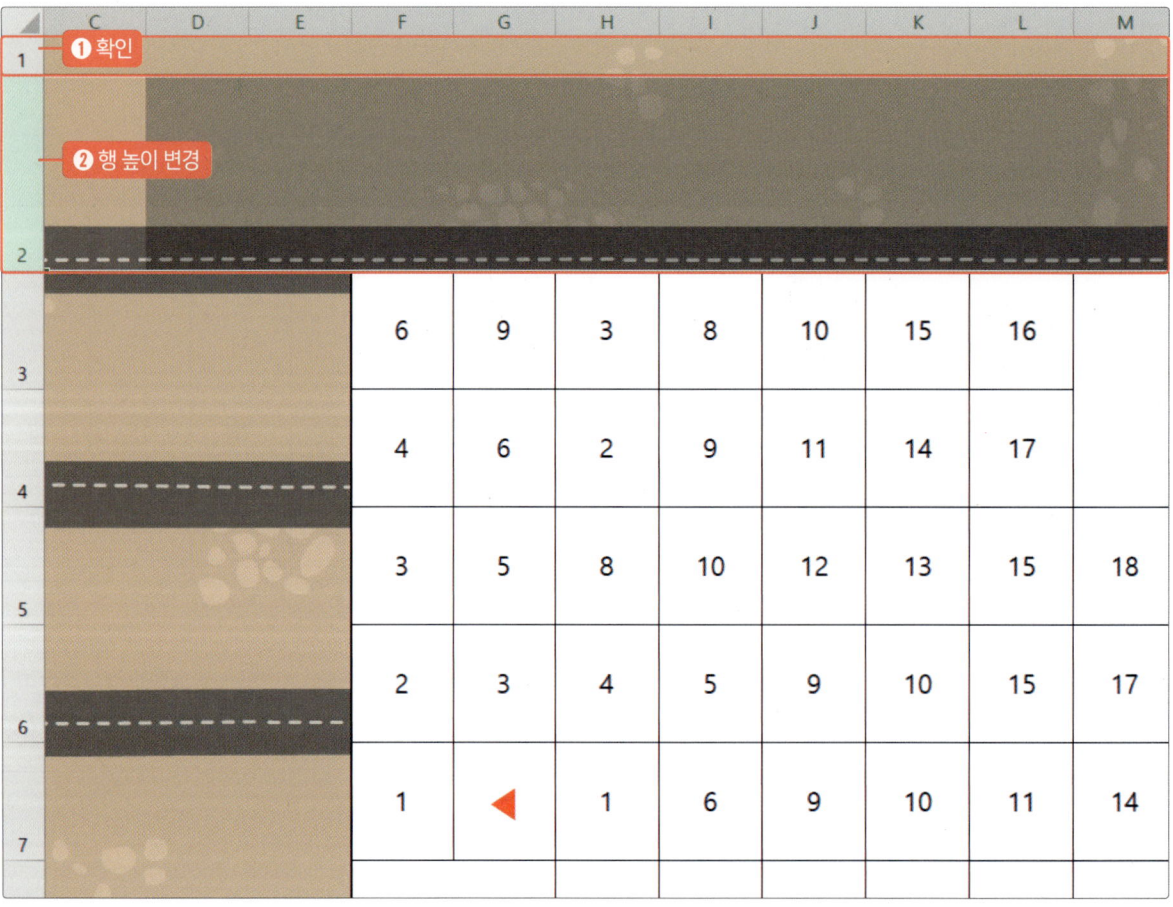

 **작품을 완성해요**

① 완성 작품을 참고하여 그림을 알맞게 배치해 보세요.
② 경찰관이 도둑을 잡을 수 있도록 1부터 16까지 이어진 셀에 색상을 채워주세요.

 **스스로 만들어요**

• 실습파일 : 경찰관_연습문제.xlsx   • 완성파일 : 경찰관_연습문제(완성).xlsx

① 열의 너비를 변경해요.
  • B, H : 30
  • C, G : 5
  • D, F : 10
  • E : 1
② 행의 높이를 변경해요.
  • 2, 8 : 150
  • 3, 7 : 30
  • 4, 6 : 60
  • 5 : 10
③ 주변의 그림을 배치하여 마을을 꾸며보세요.

04 역사를 이어가는 문화재보존가

배우는 기능

★ 시트에 대해 알아보고 시트 이름을 변경해요.
★ 행과 열을 삭제하고 한자를 입력해요.

▶ 실습파일 : 문화재보존가.xlsx   ▶ 완성파일 : 문화재보존가(완성).xlsx

완성 작품 미리보기

재미난 직업이야기

궁궐, 사찰, 미술관, 박물관의 예술품이나 문화재의 파손된 부위를 복원하고 관리하는 일을 담당하고 있어요. 특히 문화재가 망가진 원인을 과학적으로 밝혀낸 다음 적합한 방법으로 파손된 부위를 복원하고, 여러 가지 기계를 사용하여 예술품을 분석하는 일도 진행하지요. 관련된 학문을 제대로 공부하는 것만큼 중요한 가치관은 애국심이라고 하네요.

창의 놀이터

하늘을 나는 연과 똑같은 모양의 그림자를 찾아 선으로 연결해 보세요.

1 시트의 이름을 바꿔요!

① 엑셀 2016 프로그램을 실행하여 [Chapter 04_문화재보존가]-**문화재보존가.xlsx** 파일을 불러와요.

04 역사를 이어가는 문화재보존가

❷ [Sheet1] 위에서 마우스 오른쪽 버튼을 눌러 [이름 바꾸기]를 클릭해요.

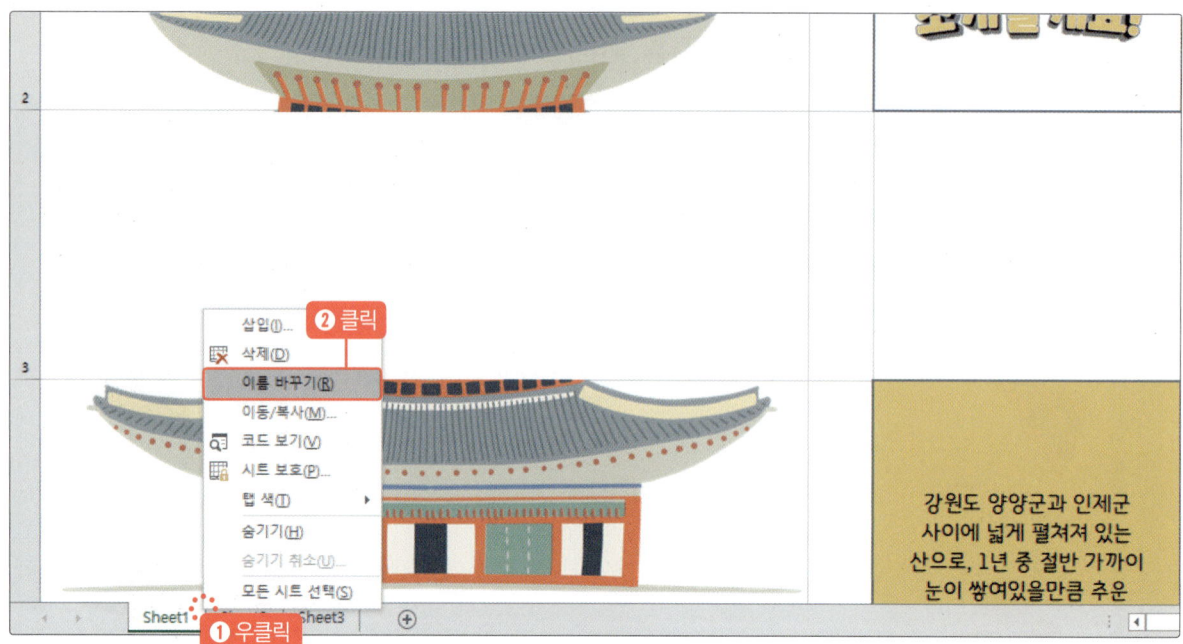

❸ 시트 이름을 입력할 수 있는 상태로 바뀌면 **경복궁**을 입력해요.

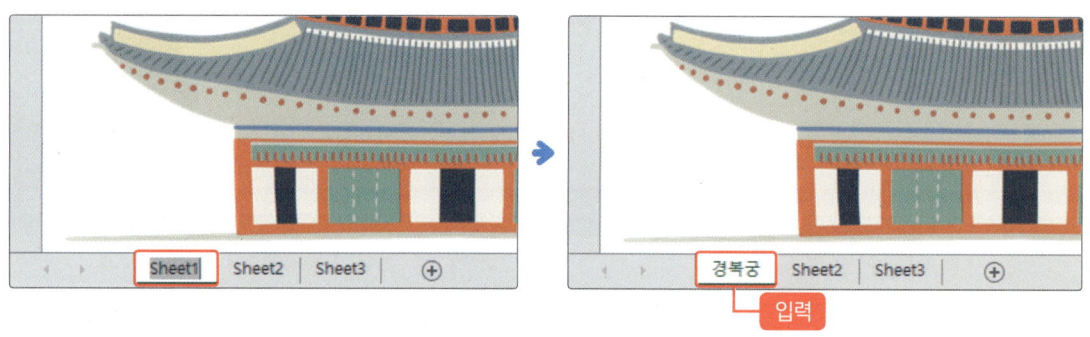

❹ 똑같은 방법으로 나머지 시트의 이름을 바꿔주세요.

엑셀에서 시트는 무슨 역할을 할까요?

파워포인트 프로그램에는 '슬라이드', 한글 프로그램에는 '문서'가 있듯이 엑셀 프로그램에는 '시트'가 있어요. 한 파일 안에서 여러 가지를 작업할 경우에는 시트를 구분하는 것이 편리하답니다!

❷ 행과 열을 삭제해요!

❶ 망가진 문화재를 복원하기 위해 **3행 머리글** 위에서 마우스 오른쪽 버튼을 눌러 **[삭제]**를 클릭해요.

❷ 복원된 경복궁 이미지를 확인해 볼까요?

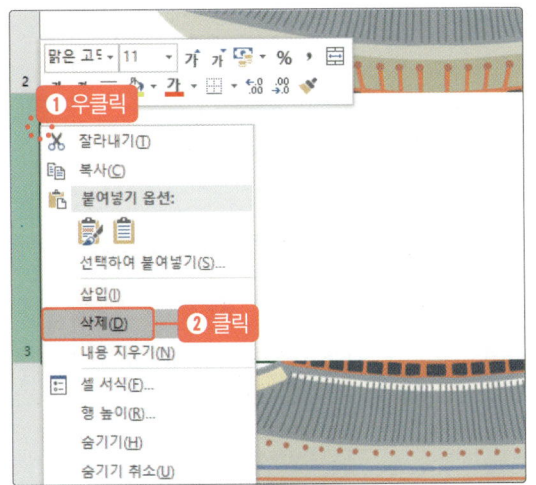 

❸ 이번에는 열을 삭제하여 경복궁 문화재와 관련된 설명만 남겨볼게요.

❹ **C열 머리글**을 선택하고 Ctrl 을 누른 채 **E열 머리글**을 클릭한 다음 마우스 오른쪽 버튼을 눌러 **[삭제]**를 클릭해요.

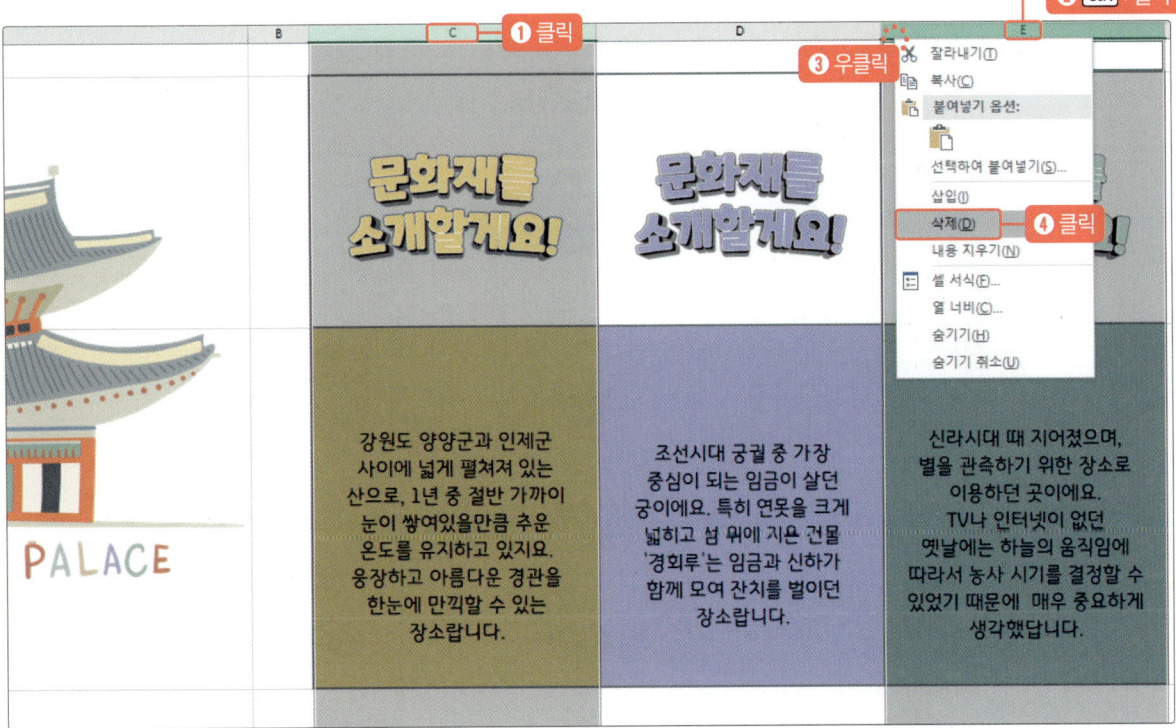

3 한자를 입력해요!

① **[C3]** 셀을 더블 클릭한 다음 비어 있는 맨 윗줄에 문화재의 이름(**경복궁**)을 입력해 보세요.

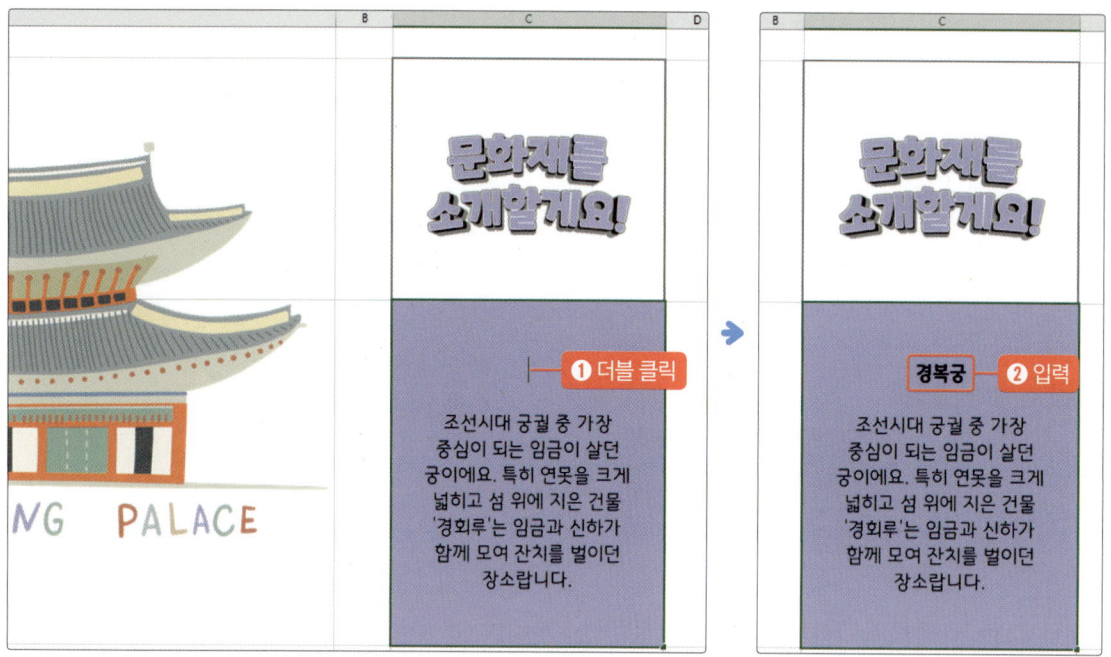

② 입력한 내용을 블록으로 지정한 다음 [한자]를 눌러 한글을 '**한자**'로 바꾸어 입력해요.

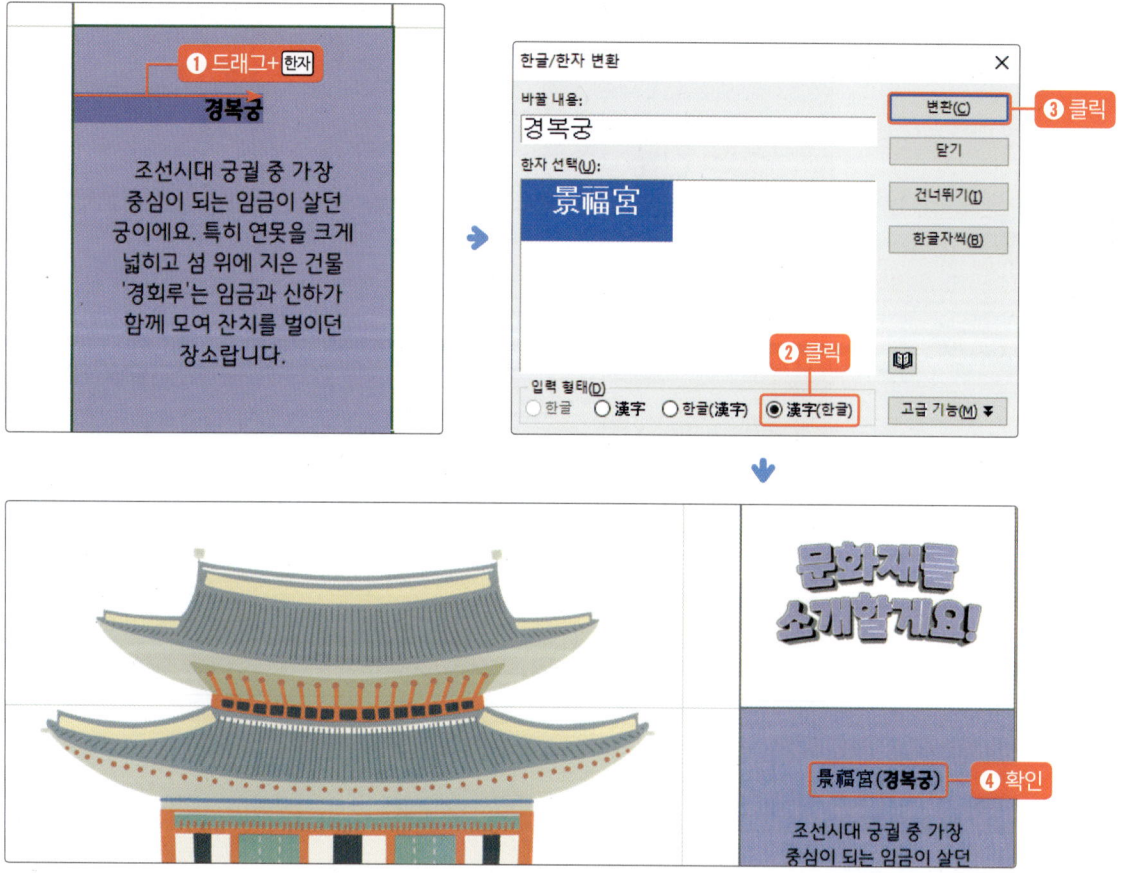

작품을 완성해요

① [첨성대] 시트의 행과 열을 삭제하여 문화재를 복원한 다음 '瞻星臺(첨성대)'를 입력해요.
② [설악산] 시트의 행과 열을 삭제하여 문화재를 복원한 다음 '雪岳山(설악산)'을 입력해요.

스스로 만들어요

- 실습파일 : 문화재보존가_연습문제.xlsx
- 완성파일 : 문화재보존가_연습문제(완성).xlsx

① 각 시트의 이름을 변경해 보세요.
② 행과 열을 삭제하여 알맞은 전통음식의 그림과 내용만 남겨주세요.

05 컨셉에 맞추어 변신, 분장사

배우는 기능

★ 도형을 삽입하여 색상을 변경해요.
★ 도형을 그룹으로 지정하고 도형 효과를 적용해요.

▶ 실습파일 : 분장사.xlsx   ▶ 완성파일 : 분장사(완성).xlsx

완성 작품 미리보기

재미난 직업이야기

분장사는 공연이나 방송을 위해 배우들의 역할에 맞는 분장을 해 줘요. 가발, 수염, 물감 등 분장용 재료와 화장품을 활용하여 출연자의 신체적 특성과 연령 등을 고려한 분장을 진행해요. 분장사가 되기 위해서는 학교에서 지식을 쌓아야 하고, 현장 일을 도우면서 실무 경력도 함께 길러야 합니다. 미용 계열의 학교로 진학한다면 전문적인 교육을 받을 수 있겠죠?

각 직업의 미로를 따라가 분장에 필요한 아이템 스티커 를 찾아 붙여주세요.

1 도형을 삽입해요!

① 엑셀 2016 프로그램을 실행하여 [Chapter 05_분장사]-**분장사.xlsx** 파일을 불러와요.

05 컨셉에 맞추어 변신, 분장사

❷ 마린분장샵을 찾은 손님들이 어떤 분장을 원하는지 먼저 살펴볼까요?

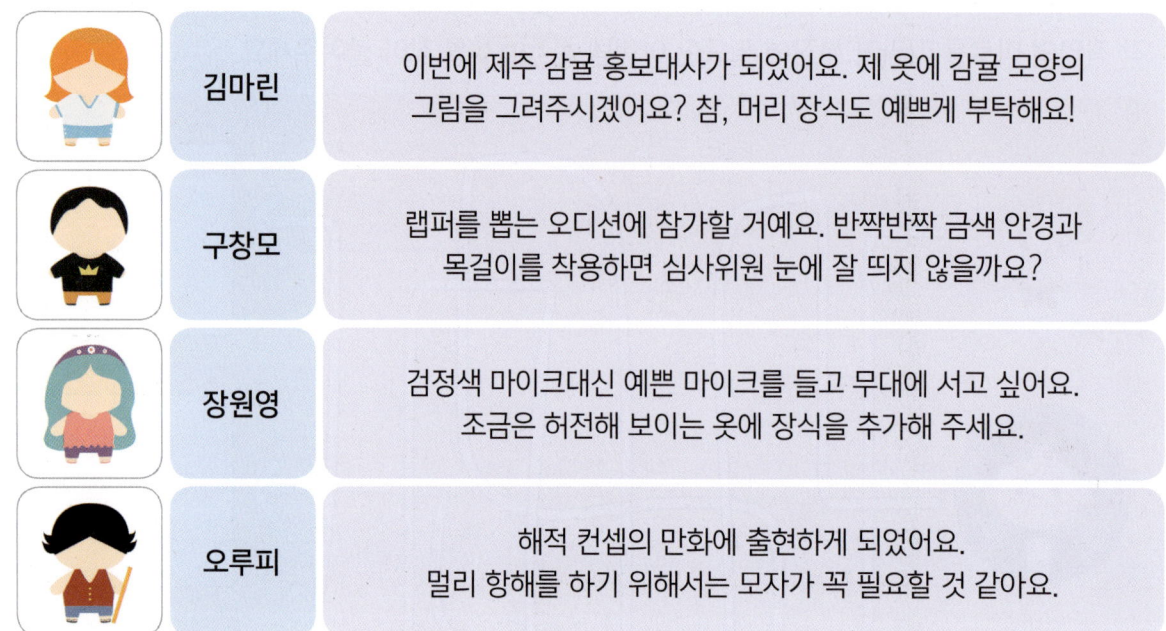

❸ [김마린] 시트에서 [삽입]-[일러스트레이션]-[도형(🔷)] → [기본 도형-**타원(○)**]을 선택하여 도형을 삽입해요.

❹ 똑같은 방법으로 [기본 도형-**달**(☾)] 도형을 찾아 삽입해요.

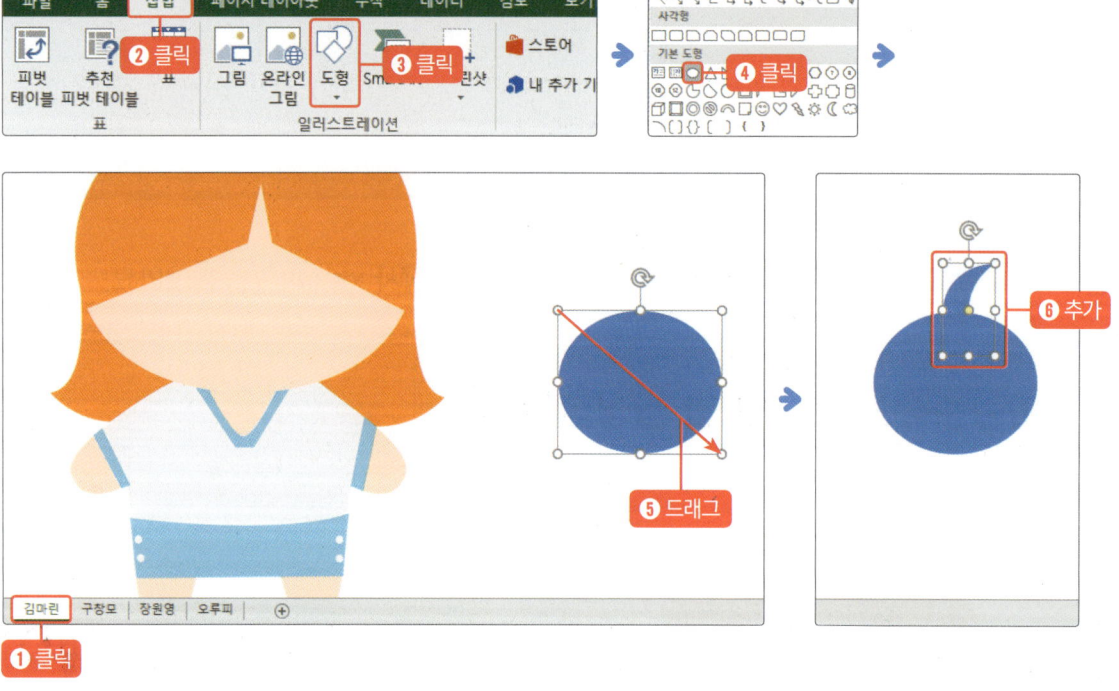

② 도형의 색을 변경하고 그룹으로 지정해요!

❶ 도형을 선택한 상태에서 [서식]-[도형 스타일]-**[도형 채우기]**를 클릭하여 원하는 색을 선택해 보세요.

❷ 감귤이 완성되었으면 두 개의 도형을 하나의 그룹으로 지정해 보도록 할게요. [홈]-[편집]-[찾기 및 선택(🔍)] → **[개체 선택]**을 클릭해요.

❸ 마우스 포인터가 ▷ 모양으로 변경되면 두 개의 도형을 모두 선택한 다음 선택된 도형 위에서 마우스 오른쪽 버튼을 눌러 [그룹화]-**[그룹]**을 클릭해요.

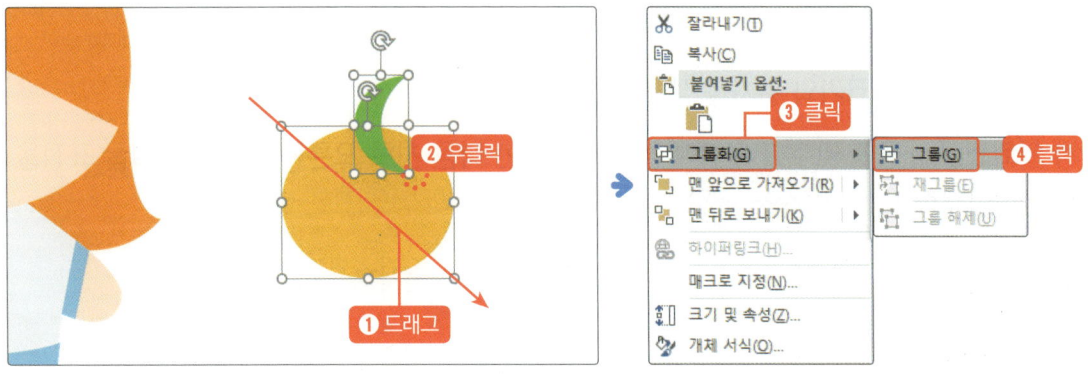

> **팁 개체 선택 기능이란?**
> - 엑셀 기본 작업 상태에서는 셀을 선택할 수 있도록 마우스 포인터가 ✥ 모양으로 나타나요.
> - 개체 선택 기능을 이용하여 마우스 포인터가 ▷ 모양으로 변경되면 '도형'이나 '그림' 등의 개체를 선택하기가 편리해져요.
> - 개체 선택 상태에서 Esc 를 누르면 셀 선택이 가능하도록 마우스 포인터가 ✥ 모양으로 변경돼요.

그룹으로 지정된 도형에 효과를 적용해요!

① 그룹으로 묶인 감귤 모양의 도형이 선택된 상태에서 [서식]-[도형 스타일]-[도형 효과] → **[네온]**에서 원하는 효과를 선택해요.

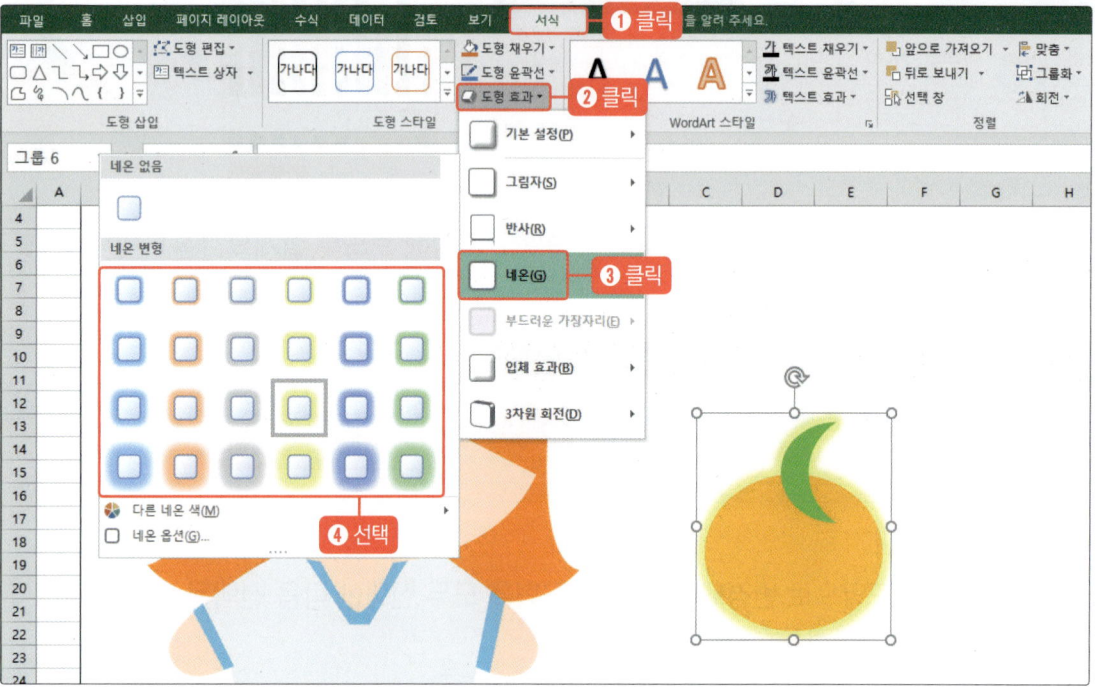

② 효과가 적용된 도형의 크기와 위치를 적당하게 조절해요.

③ 앞에서 의뢰했던 내용에 맞추어 머리에 장식을 추가한 다음 시트 오른쪽에 배치된 얼굴 표정을 넣어 분장을 완성합니다.

<머리 장식 만드는 순서>

① 도형 삽입하기
　・[삽입]-[일러스트레이션]-[도형]
　※ 책에서는 [직사각형(□)]과 [하트(♡)] 도형을 이용했어요!

② 원하는 색상으로 변경하기
　・[서식]-[도형 스타일]-[도형 채우기]

③ 도형을 그룹으로 지정하기
　・2개의 도형 선택 후 [그룹화]-[그룹]

④ 원하는 효과를 적용하기
　・[서식]-[도형 스타일]-[도형 효과]

 팁 도형으로 그림을 그릴 때 참고해요!
・흰색 조절점(○) : 도형의 크기를 조절할 수 있어요.
・회전 조절점(↻) : 도형을 회전시킬 수 있어요.

작품을 완성해요

① 32 페이지 2번의 의뢰 내용에 따라 각 시트 인물을 분장시켜 주세요.
- [구창모] 시트 : [도넛(◎)], [직사각형(□)]
- [장원영] 시트 : [포인트가 5개인 별(☆)], [직사각형(□)], [타원(○)]
- [오루피] 시트 : [달(☾)]

> **팁 이렇게 만들어요!**
> - 노란색 조절점() : 도형의 두께를 변형할 수 있어요.
> - 회전 조절점(⟳) : 도형을 자유롭게 회전시킬 수 있어요.
> - 도형 복사 : Ctrl 을 누른 상태에서 도형을 드래그하면 똑같은 모양이 만들어져요.

스스로 만들어요

- **실습파일** : 분장사_연습문제.xlsx
- **완성파일** : 분장사_연습문제(완성).xlsx

① 아래 도형을 활용하여 동물의 표정을 만들어 보세요.
- [타원(○)] •[달(☾)] •[직사각형(□)]

06 물건의 가치를 더하는 상품기획자

배우는 기능

★ 셀을 복사하여 그림을 그려요.
★ 엑셀 워크시트의 눈금선을 숨겨요.

▶ 실습파일 : 상품기획자.xlsx   ▶ 완성파일 : 상품기획자(완성).xlsx

완성 작품 미리보기

재미난 직업이야기

상품기획자는 상품이 잘 판매될 수 있을지 판단하고 전략을 세우는 직업으로 사람들이 원하는 상품이 무엇인지 파악하고, 가치가 있는 상품을 개발하기 위한 총괄 역할을 해요. 특별한 학력이 요구되는 것은 아니지만 대학을 졸업하는 것이 유리할 것으로 보이네요. 다양한 사람을 만나야 하는 직업이기 때문에 타인과의 의사소통이 잘 되는 것이 좋습니다.

창의 놀이터

에도쿠 게임 규칙을 읽어보고 표 안에 들어갈 알맞은 **스티커**를 찾아 붙여주세요.

 첫째,
표의 가로 줄에 똑같은 그림을 배치하지 않아요.

 둘째,
표의 세로 줄에 똑같은 그림을 배치하지 않아요.

 셋째,
빈 칸에 들어갈 상품 스티커를 찾아 붙여주세요.

1 셀을 복사하여 색을 채워요!

① 엑셀 2016 프로그램을 실행하여 [Chapter 06_상품기획자]-**상품기획자.xlsx** 파일을 불러와요.

06 물건의 가치를 더하는 상품기획자　37

❷ [C6] 핑크색 ☆ 모양 셀을 선택한 다음 Ctrl+C를 눌러 복사 상태로 변경해요.

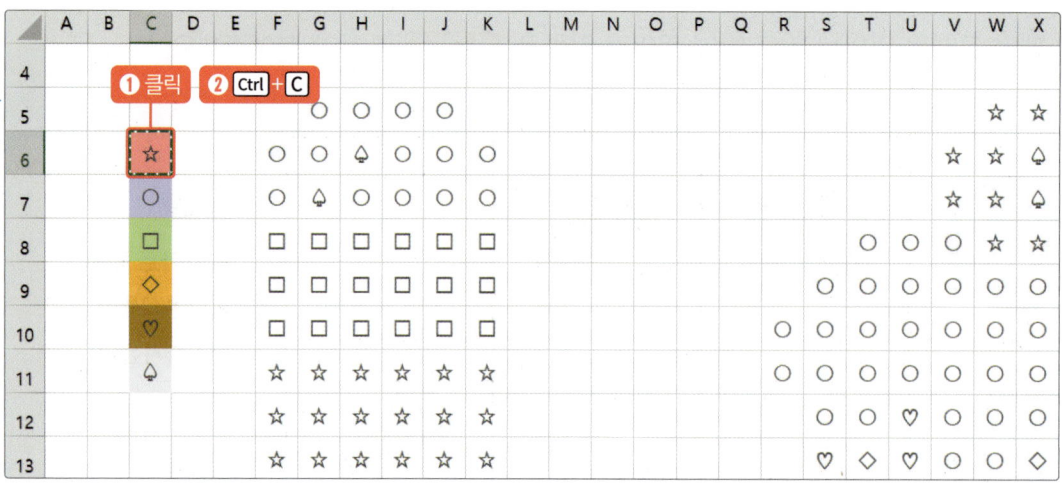

❸ 해당 색상을 '☆' 모양이 있는 셀에 붙여 보겠습니다. [F11:K13]을 범위로 지정한 다음 Ctrl+V를 눌러보세요.

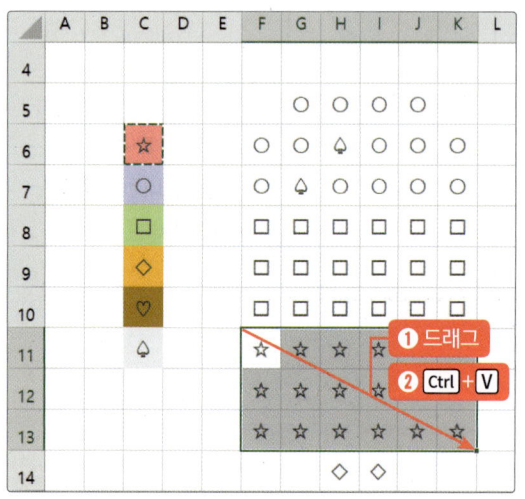
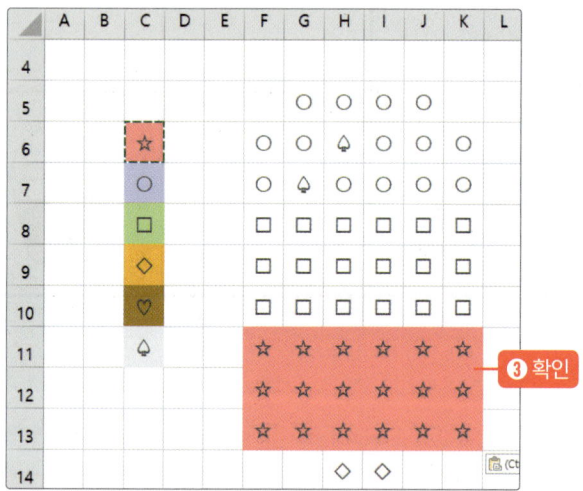

❹ 이번에는 [C8] 초록색 □ 모양 셀을 선택하여 셀을 채워 보세요.

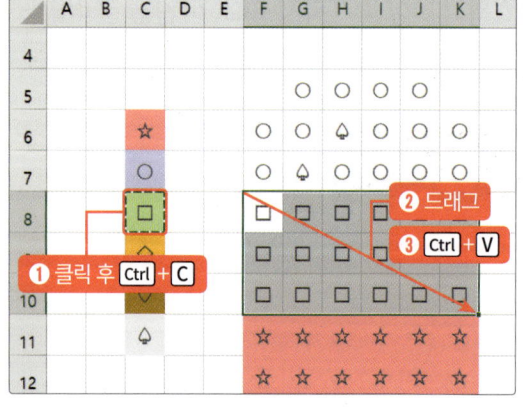
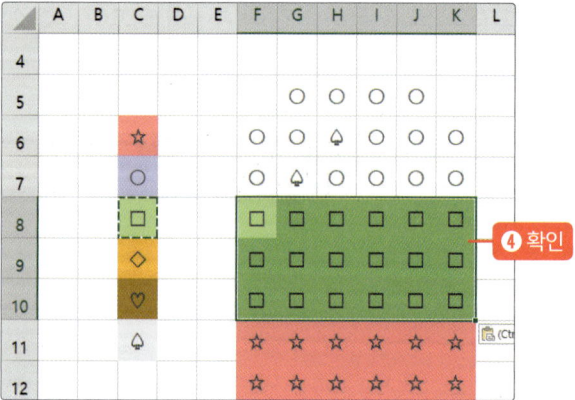

2 여러 셀을 한 번에 선택해요!

❶ [C11] **흰색** ♤ 모양 셀을 복사한 다음 해당 색상을 '♤' 모양이 있는 셀에 붙여 볼게요.

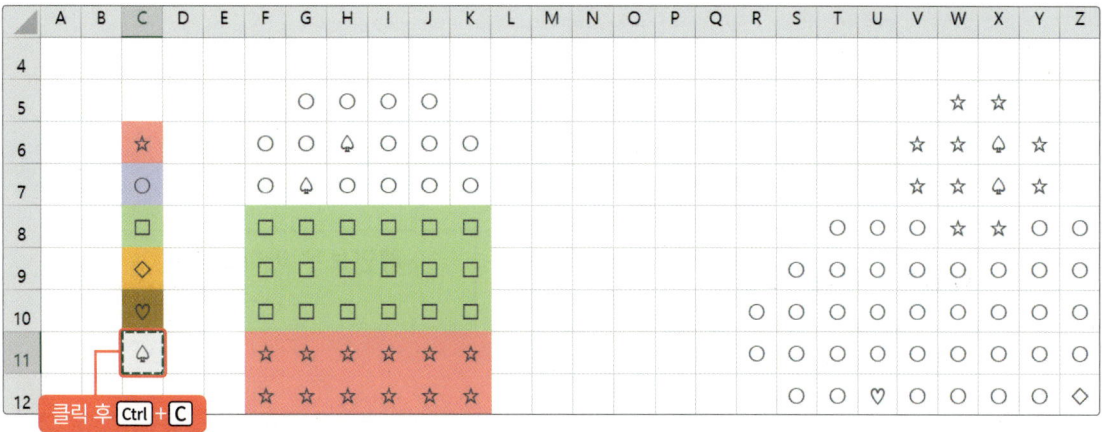

❷ [G7] 셀을 클릭한 다음 Ctrl 을 누른 채 [H6] 셀을 선택하여 떨어져 있는 셀을 한 번에 범위로 지정해요. 그다음 Ctrl + V 를 눌러 색을 붙여 넣습니다.

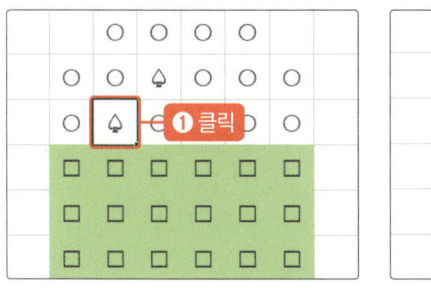 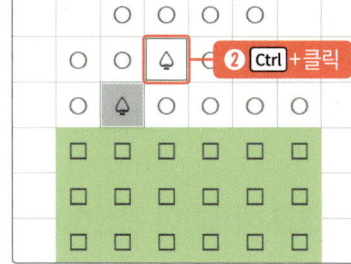 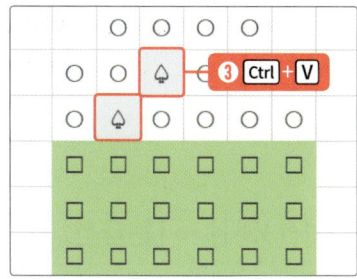

❸ 배운 기능을 활용하여 셀에 색상을 모두 채워 상품을 완성해 보세요.

❹ ◢를 클릭하여 시트의 모든 셀을 선택한 다음 Delete 를 눌러 셀에 입력된 문자들을 모두 삭제해요.

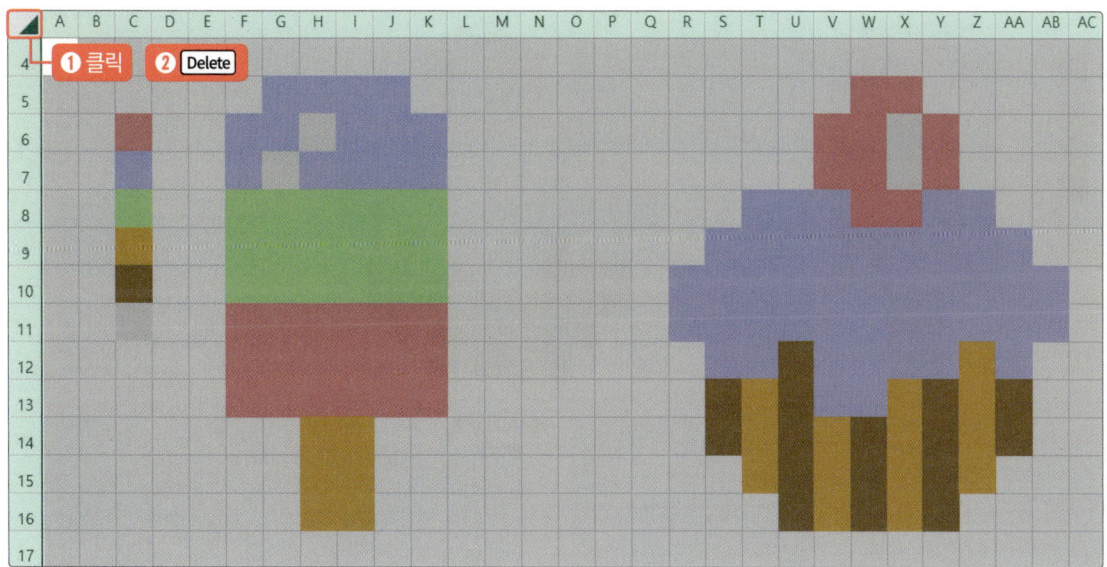

병합된 셀에 내용을 2줄로 입력해요!

❶ 기획한 상품의 이름과 가격을 어떻게 정하면 좋을까요? 각 상품의 이름과 가격을 원하는 대로 입력해 보세요.

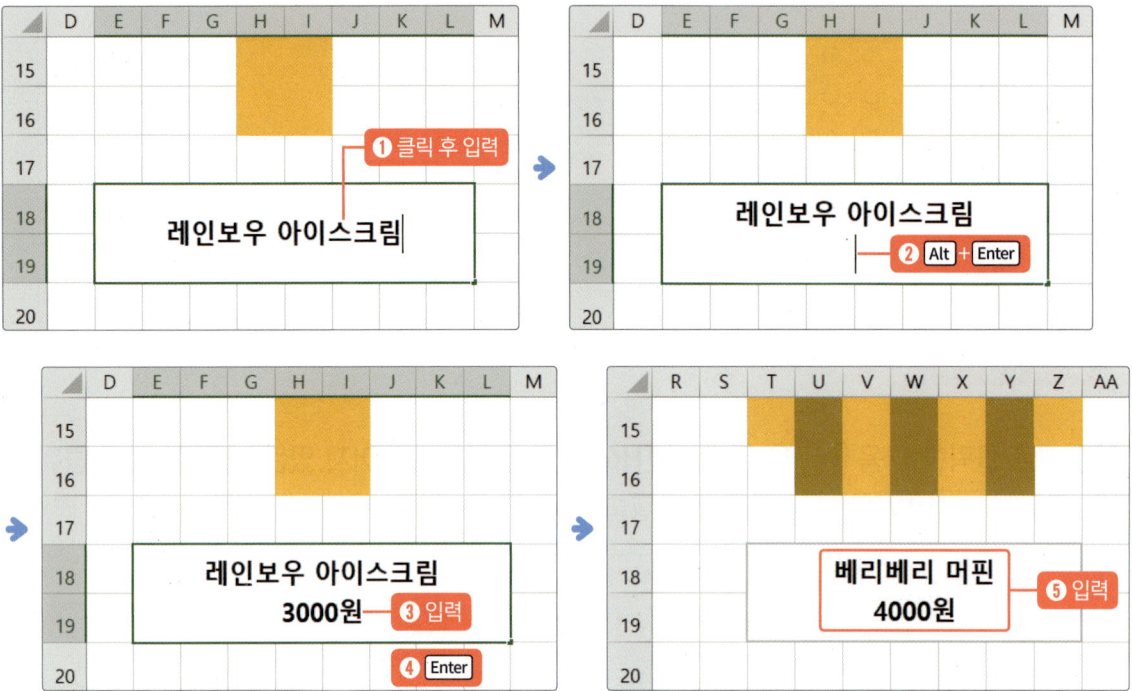

❷ [보기]-[표시] → [눈금선] 항목의 체크를 해제하여 완성해요.

 **작품을 완성해요**

❶ [자동차 상품기획] 시트의 픽셀 아트를 완성한 다음 자동차 상품의 이름과 가격을 입력해 주세요.

 **스스로 만들어요**

• **실습파일** : 상품기획자_연습문제.xlsx
• **완성파일** : 상품기획자_연습문제(완성).xlsx

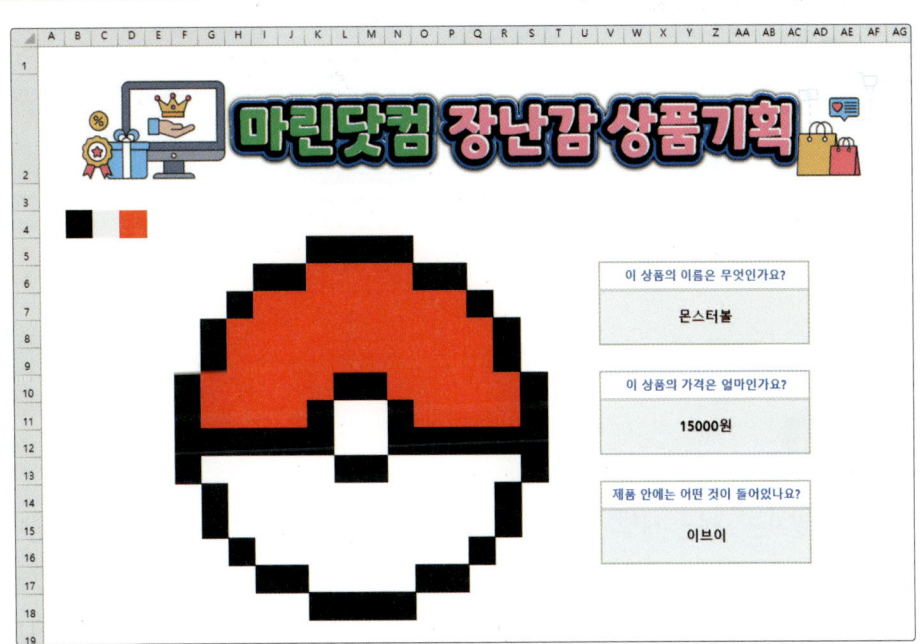

❶ 셀 복사 기능을 이용하여 픽셀 아트를 완성한 다음 상품 관련 질문에 알맞은 답을 입력해 주세요.

06 물건의 가치를 더하는 상품기획자

07 여행상품 개발자의 추천 여행지!

배우는 기능

★ 시트에 배경 그림을 삽입해요.
★ 인터넷을 활용하여 그림을 넣고 그림 스타일을 적용해요.

▶ 실습파일 : 없음   ▶ 완성파일 : 여행상품개발자(완성).xlsx

완성 작품 미리보기

재미난 직업이야기

여행상품 개발자는 새로운 여행지를 답사하고 여행상품을 개발하는 직업이에요. 국내외 관광명소의 위치, 교통편, 숙박과 관련된 자료를 토대로 관광코스와 일정을 기획하고 비용을 고려하여 여행 상품을 개발합니다. 이 때, 개발한 여행상품을 답사하여 문제점을 찾고 상품을 충분히 보완하는 일을 하게 되지요. 무엇보다 중요한 일은 소비자의 여행 요구를 파악하고 상품의 특장점을 소개하는 것이에요.

창의 놀이터

아래 덧셈과 뺄셈의 결과를 참고하여 숫자에 알맞은 그림 **스티커**를 붙여보세요.

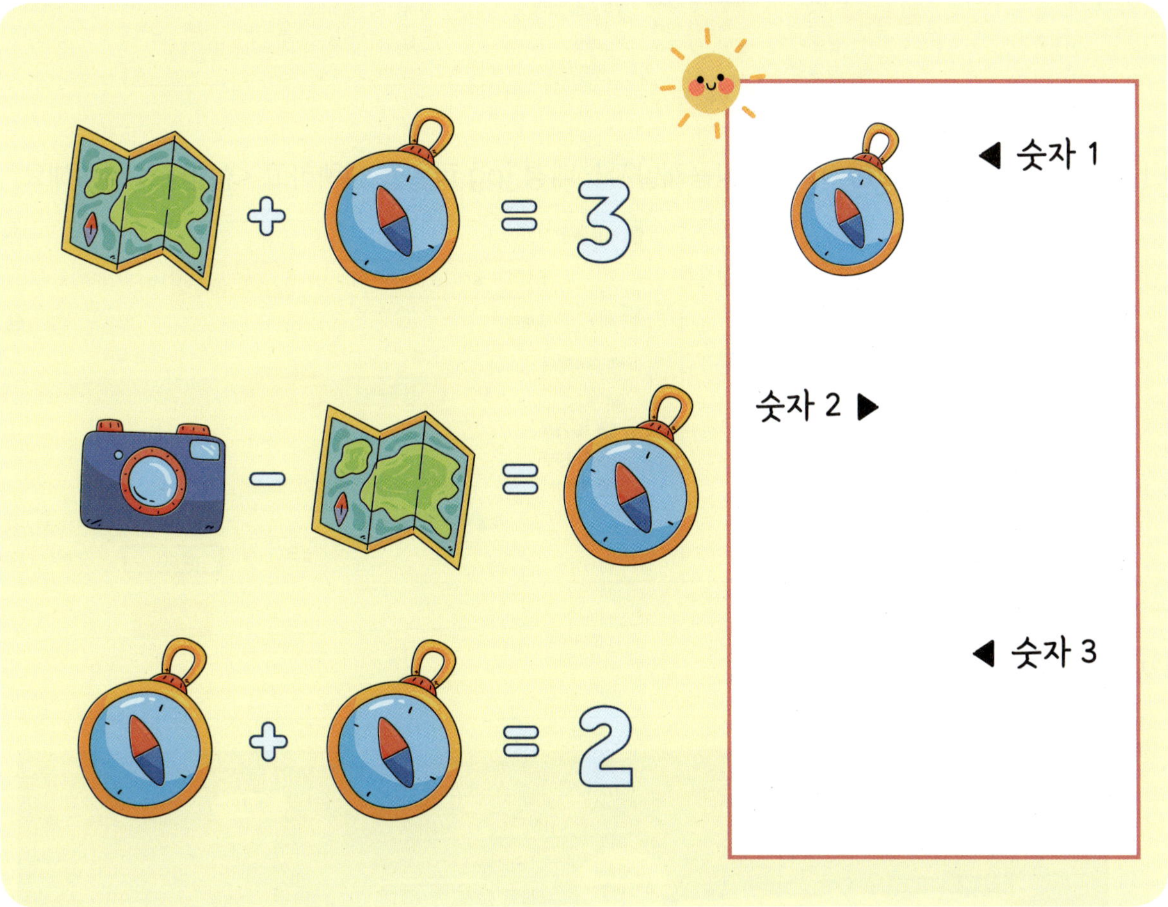

🗺️ + 🧭 = 3

📷 − 🗺️ = 🧭

🧭 + 🧭 = 2

🧭 ◀ 숫자 1

숫자 2 ▶

◀ 숫자 3

1 엑셀을 실행한 다음 배경을 삽입해요!

① 엑셀 2016 프로그램을 실행해요.

07 여행상품 개발자의 추천 여행지! 43

❷ [페이지 레이아웃]-[페이지 설정]-**[배경(　)]**을 클릭해요.

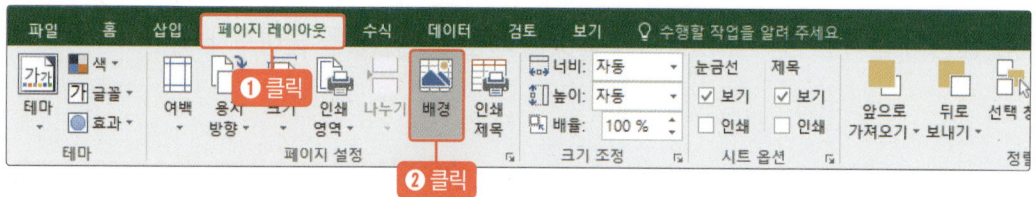

❸ [불러올 파일]-[Chapter 07_여행상품개발자]-**배경.jpg** 파일을 선택하고 <삽입>을 클릭해요.

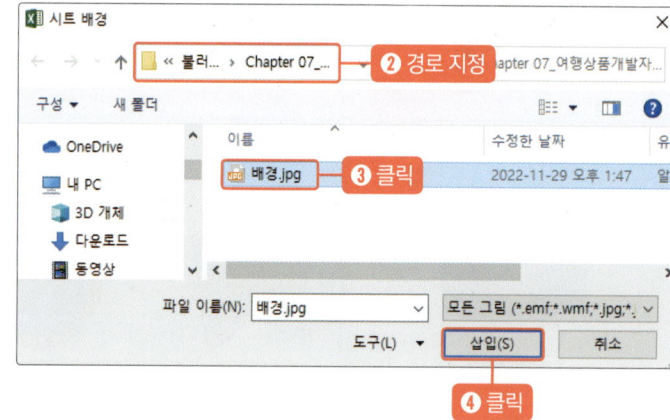

❹ 시트에 배경이 삽입된 것을 확인해요.

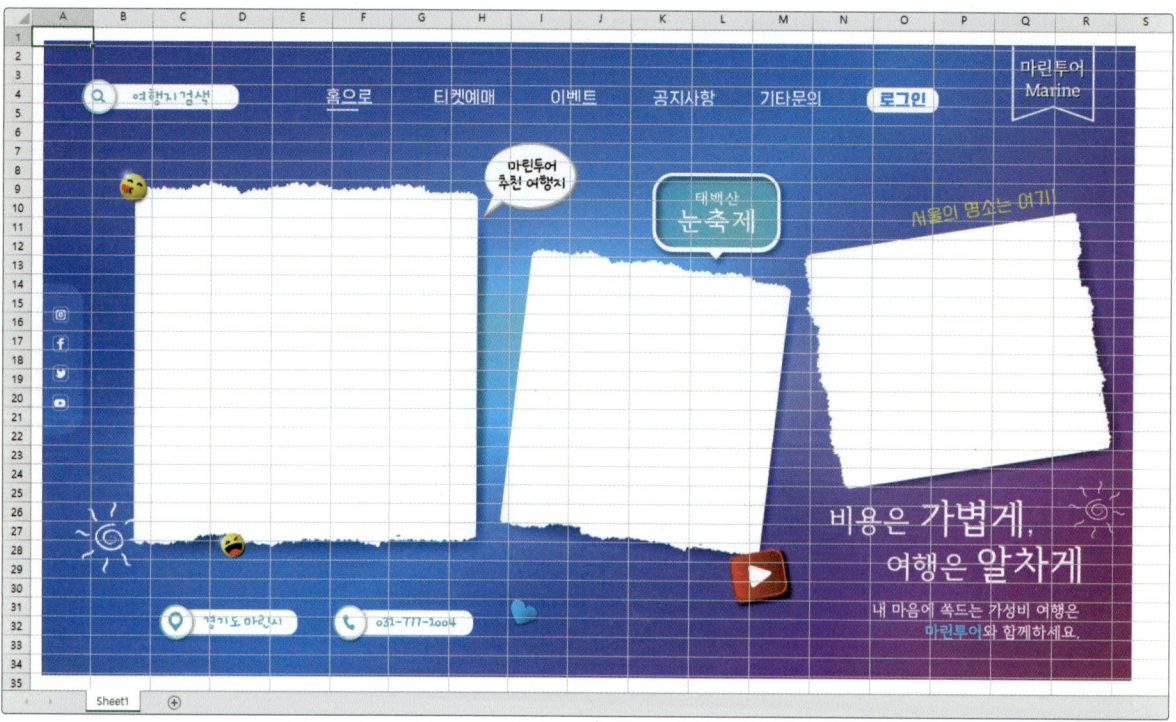

❺ [보기]-[표시] → **[눈금선]** 항목의 체크를 해제하여 시트의 눈금선을 숨겨요.

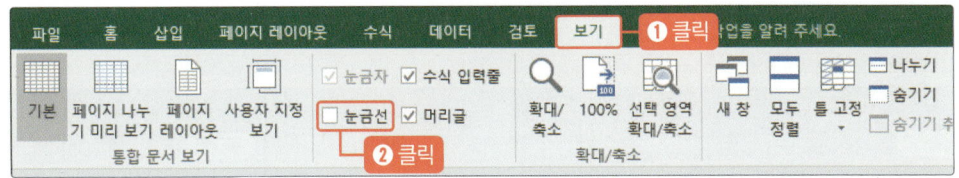

2 인터넷에서 원하는 이미지를 복사해요!

❶ 먼저, 태백산 눈축제 소개 이미지를 넣어보도록 할게요. 인터넷을 실행한 다음 **태백산 눈축제**를 검색해요.

❷ 원하는 이미지 위에서 마우스 오른쪽 버튼을 눌러 **[이미지 복사]**를 선택해요.

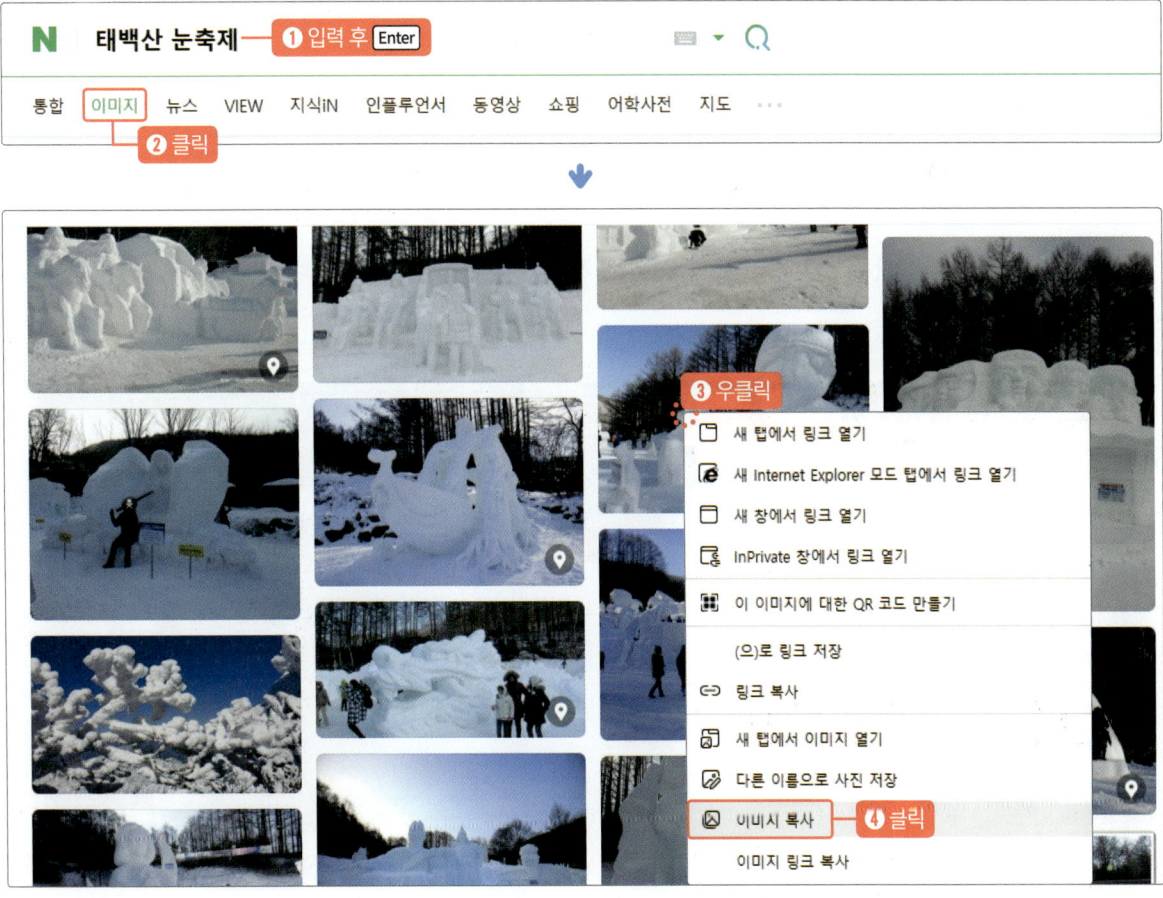

07 여행상품 개발자의 추천 여행지! 45

❸ 작업 중인 **여행상품개발자.xlsx** 파일을 활성화시킨 다음 Ctrl+V를 눌러 복사한 이미지를 붙여 넣어요.

3 그림에 스타일을 적용해요!

❶ [서식]-[그림 스타일]-▼를 클릭하여 그림에 적용하고 싶은 스타일을 선택해요.
❷ 그림의 크기와 위치를 적당하게 조절해요.

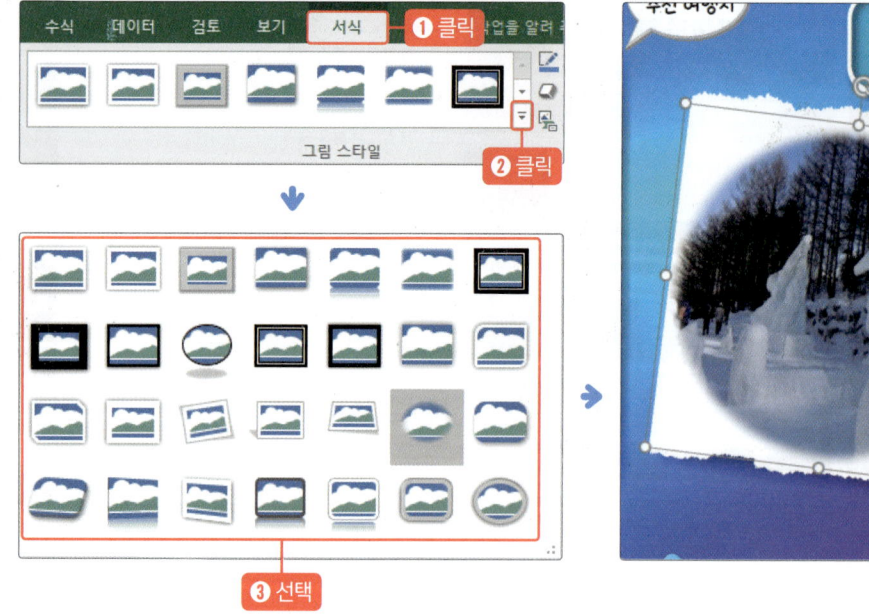

 작품을 완성해요

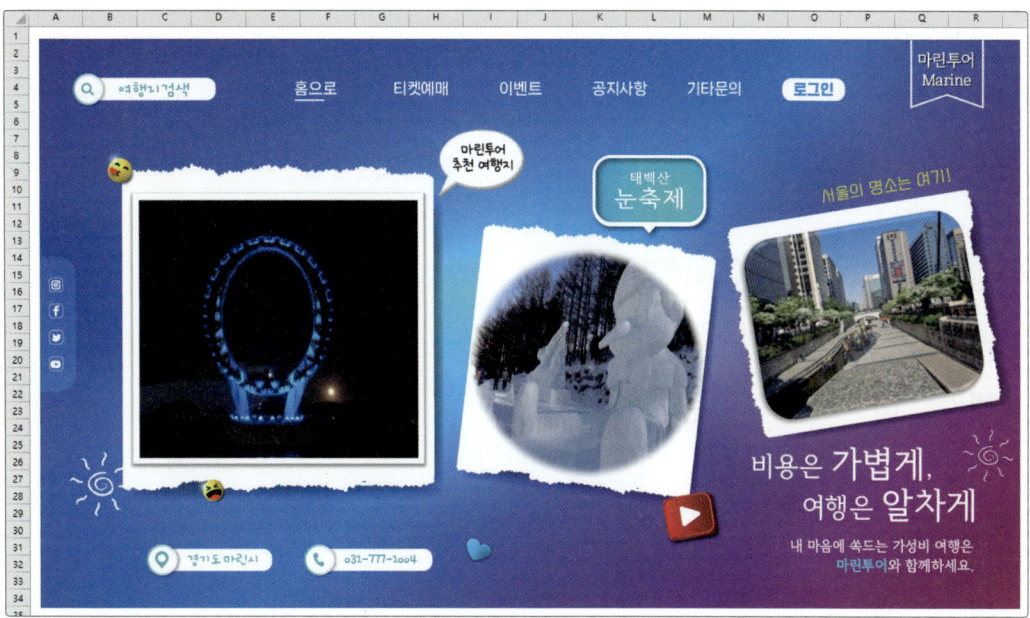

① '마린투어 추천 여행지'와 '서울의 명소는 여기' 위치에 내가 추천하고 싶은 여행지 사진을 넣어 완성해요.

 **스스로 만들어요**

• 실습파일 : 없음   • 완성파일 : 여행상품개발자_연습문제(완성).xlsx

① 엑셀 프로그램을 실행하여 '연습문제 배경.jpg'를 시트 배경으로 삽입한 다음 눈금선을 숨겨요.
② 인터넷을 활용하여 여행지 그림을 붙여 넣은 후 그림에 스타일을 적용해요.

08 이만큼 배웠어요

퀴즈를 풀어보면서 지금까지 배운 내용을 정리해요.

1 엑셀 프로그램에서 내용을 입력하거나 그림 또는 도형 삽입 등의 작업이 이루어지는 공간은 무엇일까요?

① 워크시트　　② 슬라이드　　③ 페이지　　④ 바탕화면

2 셀 주소를 읽고 알맞은 단어를 입력해 보세요.

	A	B	C	D
1	엑	마		린
2			북	
3	셀	왕		
4				스

① [B1] :　　　　⑤ [A1] :
② [D1] :　　　　⑥ [A3] :
③ [C2] :　　　　⑦ [B3] :
④ [D4] :

3 행과 열이 만나는 칸으로, 내용을 입력할 수 있는 공간은 무엇일까요?

① 시트 탭　　② 표　　③ 박스　　④ 셀

4 라디오나 텔레비전의 프로그램을 기획하고 제작하는 일을 하는 직업은 무엇일까요?

5 우리나라 문화재의 파손된 부위를 복원하고 관리하는 일을 담당하는 직업은 무엇일까요?

	학생	선생님	부모님

아래 작업 순서를 참고하여 워크시트를 완성해요.

• **실습파일** : 8_연습문제.xlsx   • **완성파일** : 8_연습문제(완성).xlsx

작업 순서

❶ 행과 열의 너비를 변경해요.
   • D열, G열, J열의 너비 → 1   • 4행의 높이 → 120

❷ 사진이 들어갈 셀을 병합해요.
   • [B4:C4], [E4:F4], [H4:I4], [K4:L4]

❸ 완성 이미지를 참고하여 표에 굵은 바깥쪽 테두리를 적용하고, 셀에 색상을 채워요.

❹ 지원자들의 성격과 취미를 참고하여 지원 분야를 입력해 보세요. 모집 분야는 아래와 같답니다.
   • 방송연출가   • 영화배우   • 가수   • 스타일리스트

❺ 시트 오른쪽의 사진을 알맞은 위치로 배치해요.

09 시각디자이너의 포스터 작업!

배우는 기능

★ 워드아트를 삽입하고 글꼴 서식을 변경해요.
★ 워드아트에 효과를 적용해요.

▶ 실습파일 : 시각디자이너.xlsx   ▶ 완성파일 : 시각디자이너(완성).xlsx

완성 작품 미리보기

재미난 직업이야기

제품의 모양과 기능, 편리성, 고객의 요구사항 등을 고려하여 새로운 제품 디자인을 연구해요. 연구한 아이디어를 바탕으로 제품 형태를 구상하고 디자인된 결과를 그림으로 표현하지요. 시각디자이너의 가장 중요한 역할은 어떠한 정보가 보다 효율적으로 전달될 수 있도록 하는 것이기 때문에 무조건 나의 예술적 감각만을 고집하지 않고 다양성을 존중하는 자세도 필요해요.

창의 놀이터

일정한 규칙대로 나열된 캐릭터가 있어요. 빈 칸에 들어갈 캐릭터를 찾아 **스티커**를 붙여보세요.

1 워드아트를 삽입해요!

① 엑셀 2016 프로그램을 실행하여 [Chapter 09_시각디자이너]-**시각디자이너.xlsx** 파일을 불러와요.

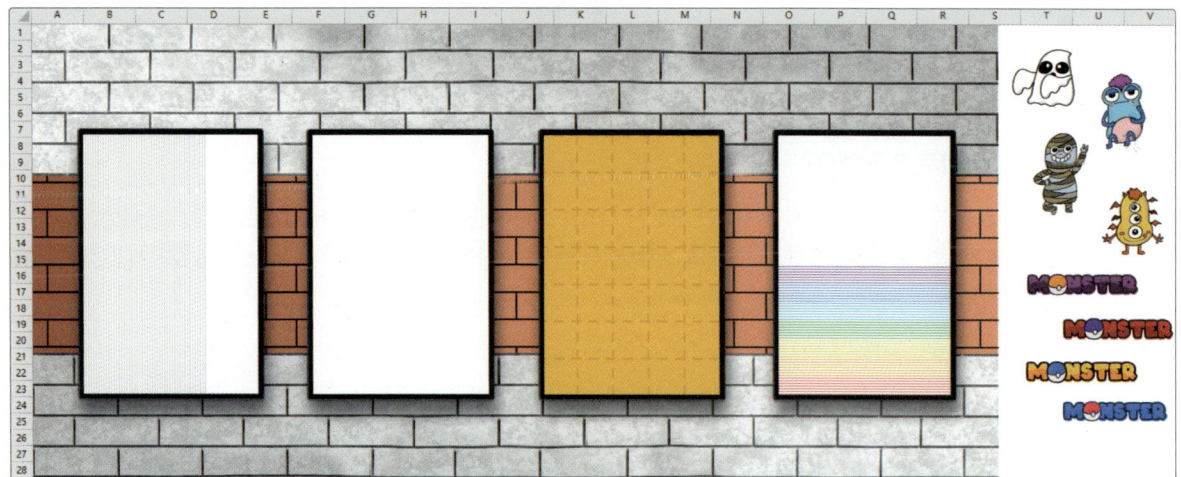

09 시각디자이너의 포스터 작업! **51**

❷ 첫 번째 포스터를 만들기 위해 시트 오른쪽의 그림을 배치해 보세요.

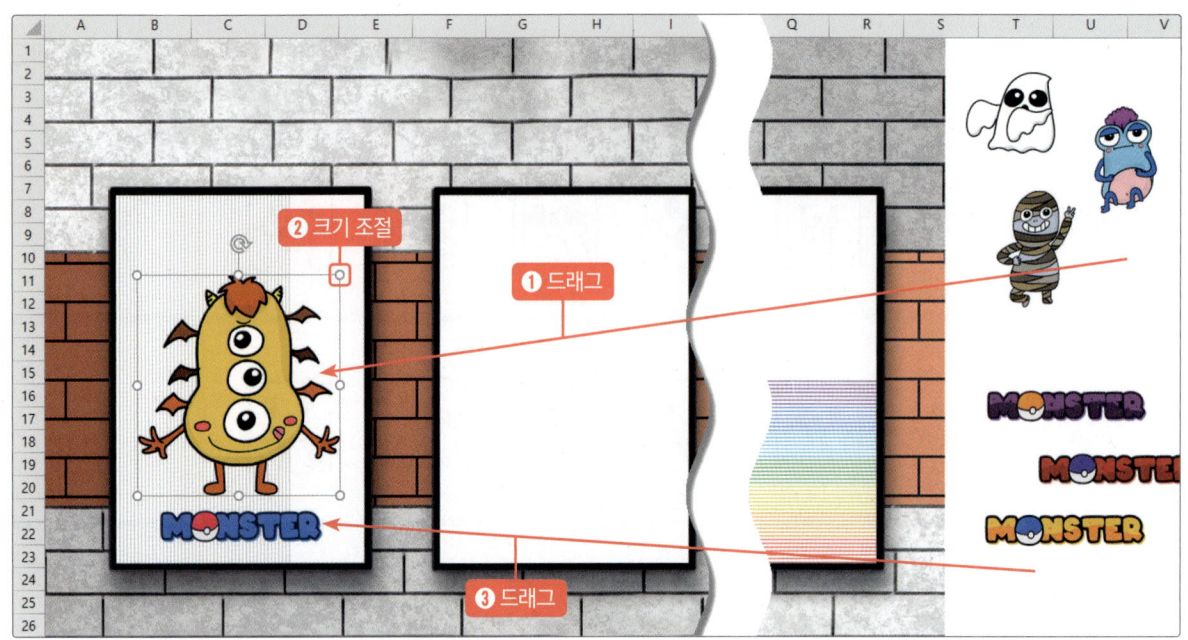

❸ [삽입]-[텍스트]-[WordArt(가)]에서 원하는 스타일의 워드아트를 선택한 다음 몬스터의 이름을 자유롭게 입력해 보세요.

팁 워드아트가 뭐예요?

워드아트는 엑셀 프로그램에서 제공하는 다양한 텍스트 스타일이에요. 쉽고 빠르게 텍스트의 색상, 윤곽선, 그림자 등을 한 번에 지정할 수 있는 유용한 기능이지요. 원하는 워드아트 스타일을 선택하여 몬스터의 이름을 멋지게 만들어주세요!

2 워드아트에 효과를 적용해요!

① 입력된 워드아트를 클릭한 다음 [서식]-[WordArt 스타일]-[텍스트 효과] → **[변환]**에서 원하는 효과를 선택해요.

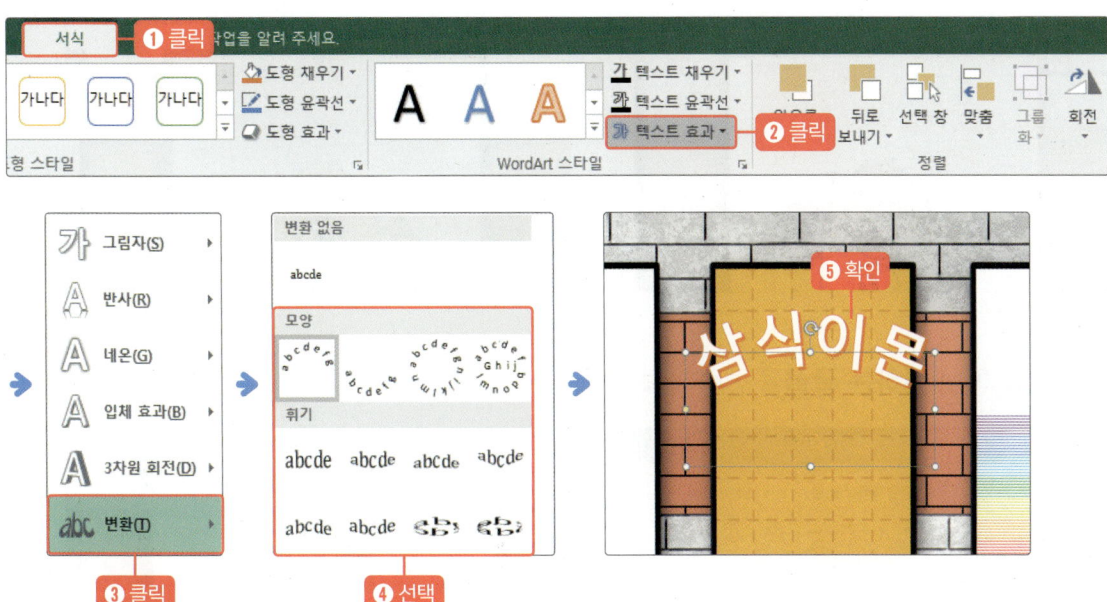

② 변환된 워드아트의 크기를 조절한 다음 첫 번째 포스터로 위치를 이동해 볼까요?

09 시각디자이너의 포스터 작업! 53

3 글꼴 서식을 변경해요!

① 워드아트로 입력된 글자를 더블 클릭하여 블록으로 지정해요.

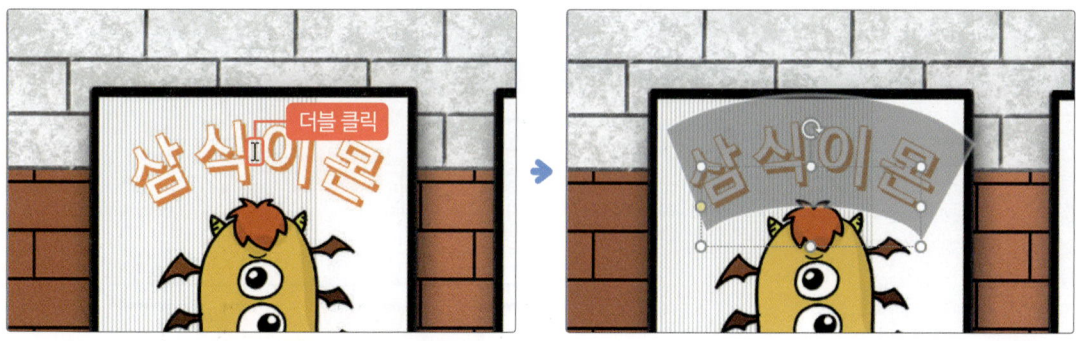

② [홈]-[글꼴]에서 **원하는 글꼴**을 선택해 보세요.

③ 첫 번째 포스터에 이용된 개체들의 크기와 위치를 적당하게 조절하여 완성해 보세요.

 **작품을 완성해요**

① 워드아트 기능을 이용하여 포스터를 완성해 보세요.

 **스스로 만들어요**

• 실습파일 : 시각디자이너_연습문제.xlsx
• 완성파일 : 시각디자이너_연습문제(완성).xlsx

① 원하는 시트의 포스터를 선택해요.
② 워드아트 기능을 이용하여 신메뉴 홍보 포스터를 완성해 보세요.

10 동물사육사의 미션!

배우는 기능

★ 시트 탭의 색상을 변경해요.
★ 복사와 잘라내기 기능을 이용하여 그림을 다른 시트로 이동시켜요.

▶ 실습파일 : 동물사육사.xlsx   ▶ 완성파일 : 동물사육사(완성).xlsx

완성 작품 미리보기

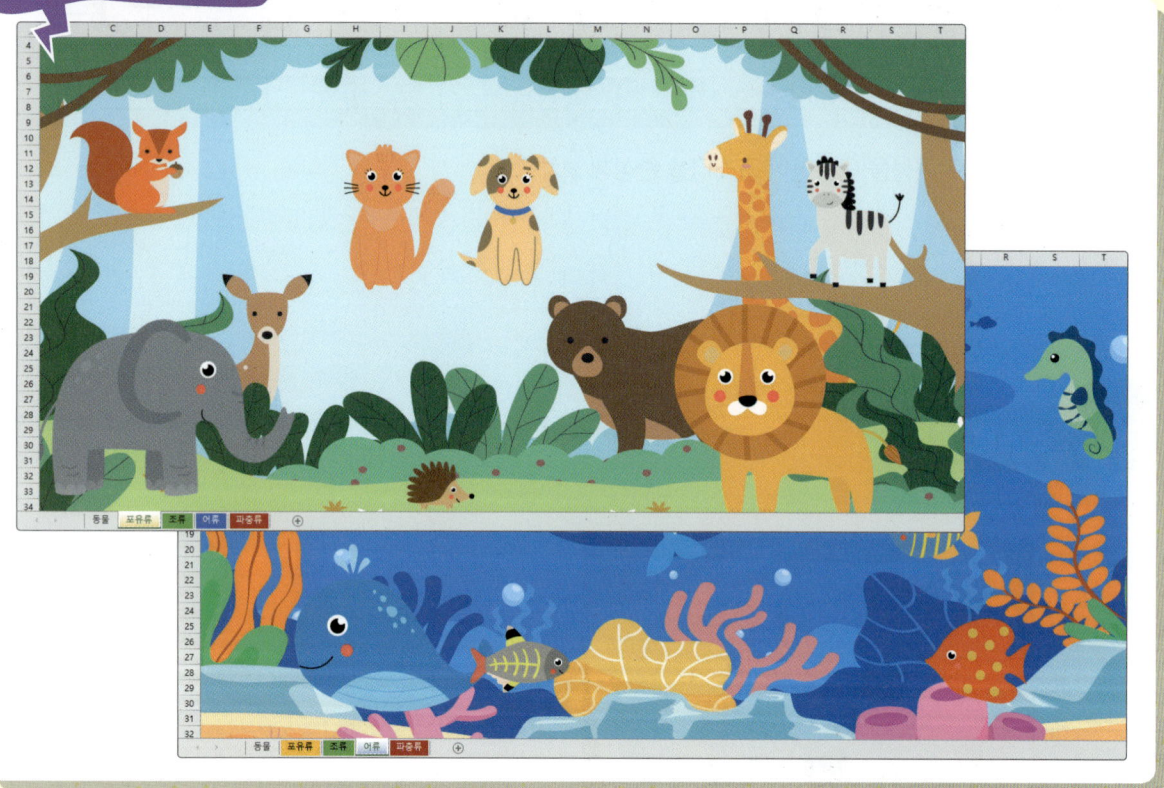

재미난 직업이야기

동물에게 먹이 주기, 동물의 집 청소 및 소독, 털 관리 등 동물이 건강하게 살 수 있도록 보살피는 일을 하는 사람을 동물사육사라고 불러요. 또한 동물들을 훈련시키거나 운동시키는 일도 맡아서 하기 때문에 동물과 많은 교감이 필요한 직업이에요. 동물사육사가 되고 싶다면 지금부터 우리 주변에 있는 동물들과 친해질 수 있도록 관심을 가지기 위해 노력하고, 함께 생활해 보는 것도 좋아요.

창의 놀이터

아래 설명을 읽고 포유류, 조류, 어류, 파충류를 구분한 다음 알맞은 동물  를 붙여보세요.

어류	물속에서 아가미로 호흡을 하고 지느러미로 운동하며 사는 물고기류를 말해요.	
	암컷이 새끼를 낳아 젖을 먹여서 키운다는 것이 대표적인 특징이에요. 고양이, 사자, 토끼 등이 있어요.	
	새끼가 아닌 알을 낳는 동물이에요. 몸은 털 대신 단단한 비늘로 덮여 있어요. 지금은 멸종된 공룡도 이 동물로 분류되고 있답니다.	
	앞쪽 다리가 날개로 변형되어 날아 다닐 수 있어요. 입은 부리형태로 손 대신 이용할 수 있으며, 온 몸은 깃털로 덮인 동물이에요.	

1 시트 탭의 색상을 변경해요!

❶ 엑셀 2016 프로그램을 실행하여 [Chapter 10_동물사육사]-**동물사육사.xlsx** 파일을 불러와요.

❷ 아래 그림과 같은 순서대로 시트 이름을 바꿔보세요.

❸ 이번에는 시트 탭의 색상을 변경해 보겠습니다. **[포유류]** 시트 위에서 마우스 오른쪽 버튼을 눌러 **[탭 색]**을 클릭한 다음 원하는 색상을 선택해요.

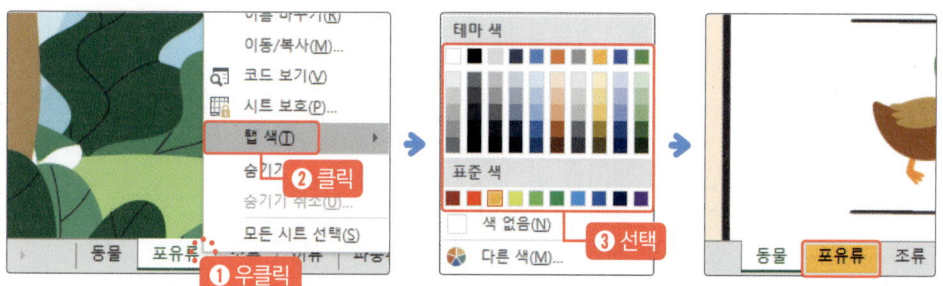

❹ 똑같은 방법으로 각 시트 탭의 색상을 변경해 보세요.

❺ [포유류], [조류], [어류], [파충류] 시트를 선택하여 동물들의 서식지를 살펴보세요.

▲ [포유류] 시트

▲ [조류] 시트

▲ [어류] 시트

▲ [파충류] 시트

선택한 색상으로 시트 탭의 색이 바뀌지 않았어요!

시트 탭이 선택된 상태에서는 변경된 색상을 확인하기 어려워요. 탭 색을 변경한 다음 주변의 다른 시트 탭을 클릭하여 색상이 반영되었는지 확인해 보세요.

② 개체를 복사하여 다른 시트로 이동해요!

❶ **[동물]** 시트에서 **코끼리** 그림을 선택한 다음 Ctrl+C를 눌러 개체를 복사해요.

❷ **[포유류]** 시트에서 임의의 셀을 선택한 다음 Ctrl+V를 눌러 붙여 넣고 크기와 위치를 적당하게 조절해요.

 팁 **임의의 셀을 왜 선택해야 할까요?**
엑셀 프로그램에서는 선택된 셀을 기준으로 그림이 들어가기 때문이에요.

③ 이번에는 [동물] 시트에서 **닭** 그림을 선택한 다음 Ctrl+X를 눌러 개체를 잘라내기 해요.

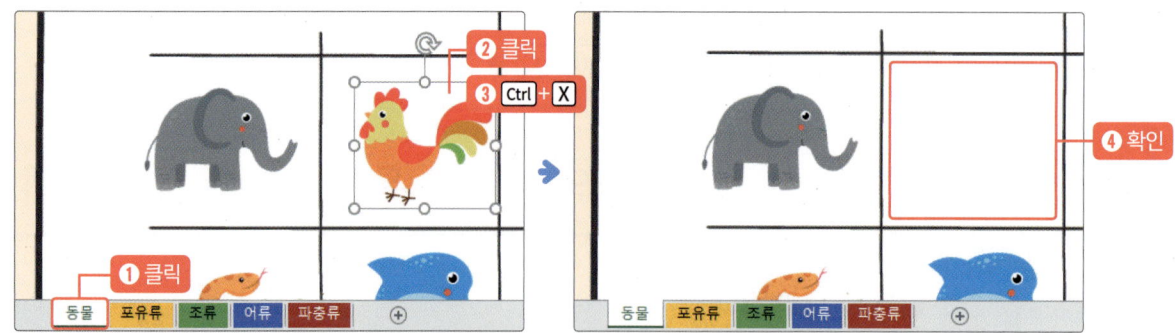

 한 번에 여러 개의 그림을 선택하기!
Shift를 누른 채 그림을 선택하면 여러 개의 그림을 한 번에 선택할 수 있어요.

④ [조류] 시트에서 임의의 셀을 선택한 다음 Ctrl+V를 눌러 붙여 넣고 크기와 위치를 적당하게 조절해요.

 복사와 잘라내기의 차이를 알아보아요!
[동물] 시트로 돌아가 보세요. '복사' 기능을 이용했던 코끼리 그림은 그대로 보존이 되고, '잘라내기' 기능을 이용한 닭 그림은 없어진 것을 확인할 수 있을 거예요. 그림을 계속 활용하고 싶을 때는 '복사', 단순하게 이동만 원한다면 '잘라내기' 기능을 사용하면 좋겠죠?

 **작품을 완성해요**

① 복사 또는 잘라내기 기능을 이용하여 각 시트 서식지에 알맞게 동물들을 이동시켜 주세요.

 **스스로 만들어요**

• 실습파일 : 동물사육사_연습문제.xlsx
• 완성파일 : 동물사육사_연습문제(완성).xlsx

<에도쿠 게임 규칙>

1. 표의 가로 줄에 똑같은 그림을 배치하지 않아요.
2. 표의 세로 줄에 똑같은 그림을 배치하지 않아요.
3. 빈 칸에 들어갈 그림을 채워요.

① [퍼즐모음] 시트에서 각 단계의 조각을 잘라내기하여 알맞은 위치에 붙여 넣어요.
② 시트 탭의 색상을 자유롭게 변경해 보아요.

11 제과제빵사의 추천 디저트

배우는 기능

★ 다양한 색상으로 셀을 채울 수 있어요.
★ 셀을 그림으로 복사하는 기능을 배워요.

▶ 실습파일 : 제과제빵사.xlsx   ▶ 완성파일 : 제과제빵사(완성).xlsx

완성 작품 미리보기

재미난 직업이야기

제과 제빵사는 밀가루, 설탕, 각종 파우더를 활용하여 맛있는 빵과 케이크나 쿠키를 만들고 새로운 메뉴를 개발하는 일을 해요. 최근에는 빵이나 쿠키에 사용하는 식용 색소를 백년초나 녹차를 활용한 유기농 제품들도 눈길을 끌고 있지요. 제과제빵사의 꿈을 키우기 위해서는 전문지식과 기술을 배워 자격증을 취득하는 것이 가장 빠른 방법이며, 빵이나 과자를 만드는 기술뿐만 아니라 위생 관련 교육도 열심히 받아야 한답니다!

창의 놀이터

머핀이 완성되는 규칙을 찾아보고 빈 칸에 알맞은 스티커를 붙여보세요.

1 픽셀 아트를 완성해요!

① 엑셀 2016 프로그램을 실행하여 [Chapter 11_제과제빵사]-**제과제빵사.xlsx** 파일을 불러와요.

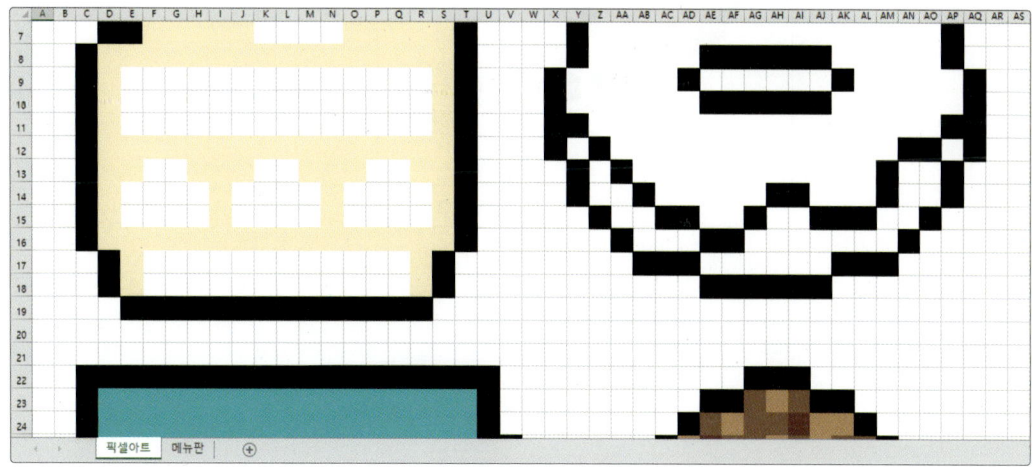

11 제과제빵사의 추천 디저트

❷ **[픽셀아트]** 시트에서 케이크와 도넛 디저트를 만들어 보아요. 아래 그림을 참고하여 자유롭게 색상을 채워 볼까요?

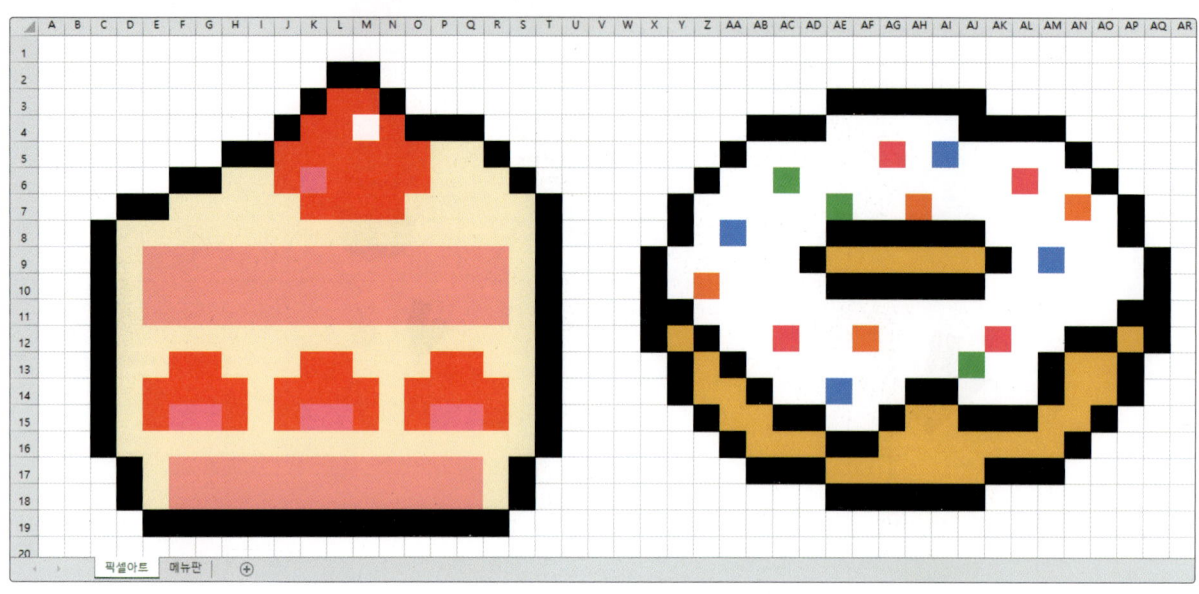

 팁 다양한 색상을 찾아볼까요?

색상 팔레트에서 [다른 색]을 클릭하면 [표준] 탭에서 더 많은 색상을 선택할 수 있어요. 선택한 색상은 '최근에 사용한 색' 팔레트에 추가되어 계속 사용이 가능해요.

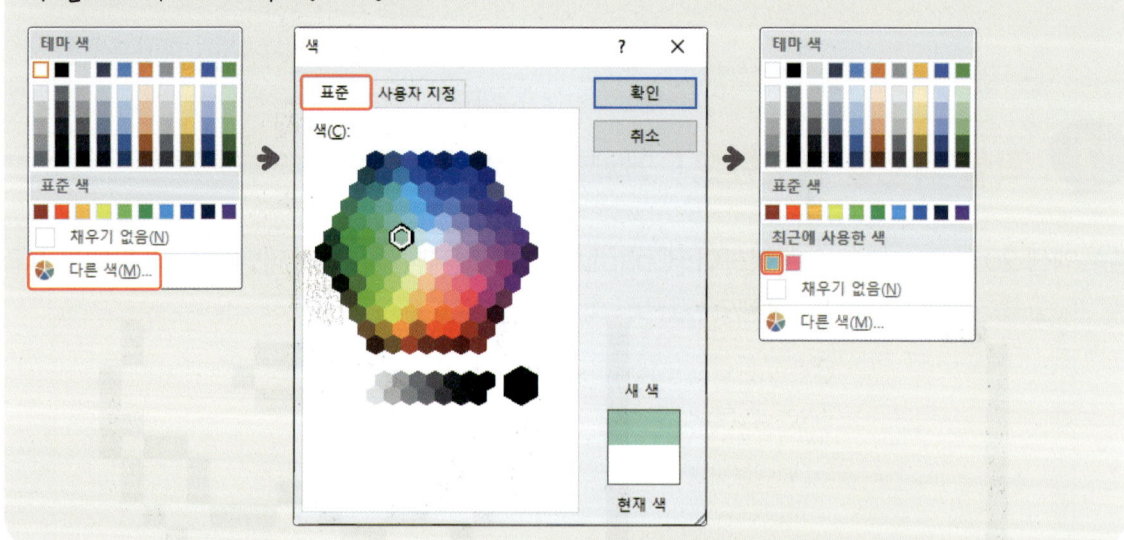

2 셀을 그림으로 저장해요!

❶ [보기]-[표시] → **[눈금선]** 항목의 체크를 해제해요.

❷ 조각 케이크가 있는 **[C2]** 셀부터 **[T19]** 셀을 범위로 지정해요.

❸ [홈]-[클립보드]-[복사] → **[그림으로 복사]**를 클릭한 다음 '모양'과 '형식'을 확인한 다음 <확인>을 클릭해요.

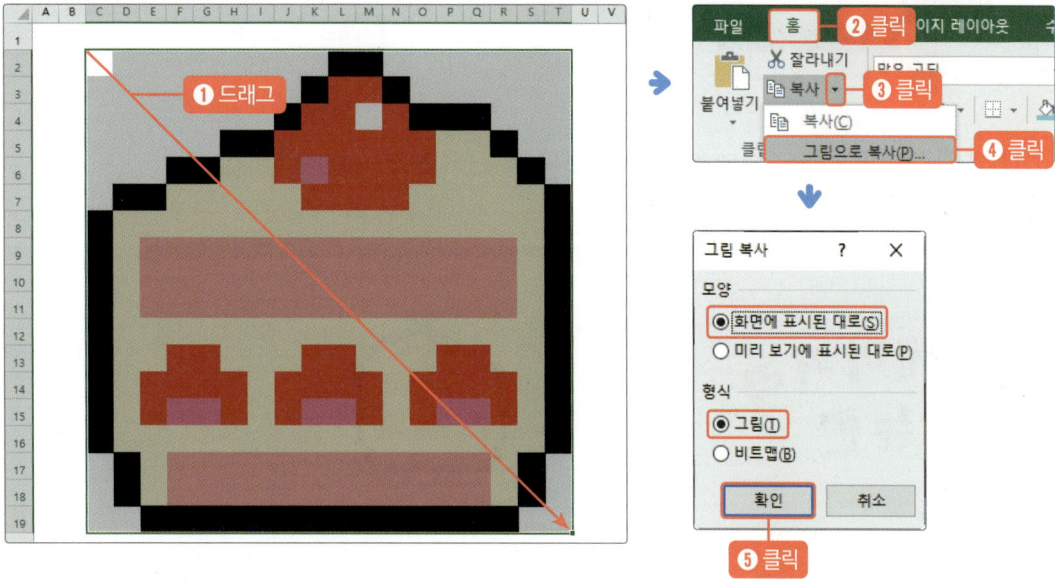

❹ **[메뉴판]** 시트에서 임의의 셀을 선택한 다음 Ctrl+V를 눌러보세요. 픽셀 아트가 그림으로 삽입되면 크기와 위치를 적당하게 조절해요.

11 제과제빵사의 추천 디저트 65

❺ **[픽셀아트]** 시트로 돌아와 도넛이 그려진 셀을 범위로 지정한 다음 [홈]-[클립보드]-[복사] → **[그림으로 복사]**를 작업해요.

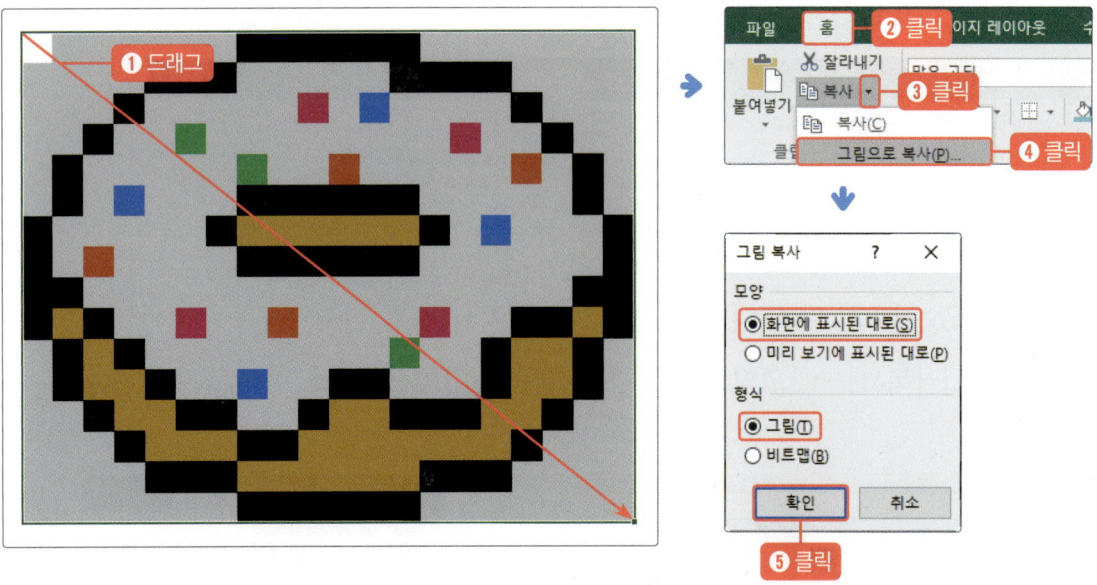

❻ [메뉴판] 시트에서 임의의 셀을 선택하여 붙여 넣은 후 크기와 위치를 조절해요.

 **작품을 완성해요**

① 음료와 아이스크림 픽셀아트도 동일한 방법으로 작업해 보세요.

 **스스로 만들어요**

• **실습파일** : 제과제빵사_연습문제.xlsx
• **완성파일** : 제과제빵사_연습문제(완성).xlsx

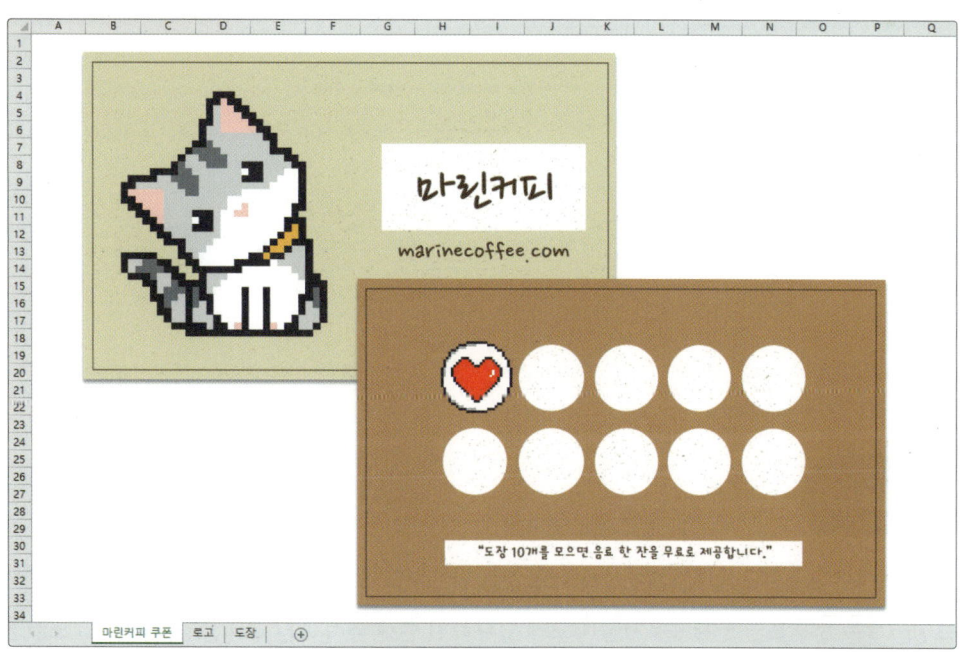

① 각 시트의 '눈금선'을 해제한 다음 그림으로 복사 기능을 이용하여 [마린커피 쿠폰] 시트에 붙여 넣어요.

12 해바라기 반 유치원교사

배우는 기능

★ 셀을 복사한 다음 내용을 입력해요.
★ 셀에 메모를 추가해요.

▶ 실습파일 : 유치원교사.xlsx   ▶ 완성파일 : 유치원교사(완성).xlsx

완성 작품 미리보기

재미난 직업이야기

유치원에서 초등학교 입학 전까지의 아동들을 가르치고 보살피는 일을 하는 직업이에요. 율동이나 노래, 그림은 물론 글자 또는 숫자 공부처럼 학교에 입학하기 전에 꼭 필요한 교육을 담당하지요. 또한 단체생활을 할 때 필요한 규칙과 청결, 정리정돈, 안전과 관련된 생활교육도 시행하고 있답니다. 유치원교사가 되려면 유아교육을 전공하고 유치원 정교사 자격증도 필수로 취득해야 해요.

아래 내용과 일치하는 모습의 학생을 찾아 ○ 표시해 보세요.

1. 나는 모자를 쓰고 있지 않아요.
2. 내 손에는 아무 것도 없어요.
3. 나는 붉은 색 신발을 신지 않았어요.
4. 나는 양 손을 펴고 있어요.

1 캐릭터를 완성해요!

1. 엑셀 2016 프로그램을 실행하여 [Chapter 12_유치원교사]-**유치원교사.xlsx** 파일을 불러와요.

❷ 짱구 애니메이션에 등장하는 해바라기 반 친구들을 얼마나 알고 있는지 테스트 해 볼까요?

❸ 몸과 얼굴, 머리가 섞여 배치된 캐릭터의 모습을 원래의 모습으로 완성한 다음 이름을 적어주세요.

2 셀을 복사한 다음 내용을 입력해요!

❶ 원아증의 내용이 입력된 [B20] 셀부터 [D23] 셀을 범위로 지정해요.

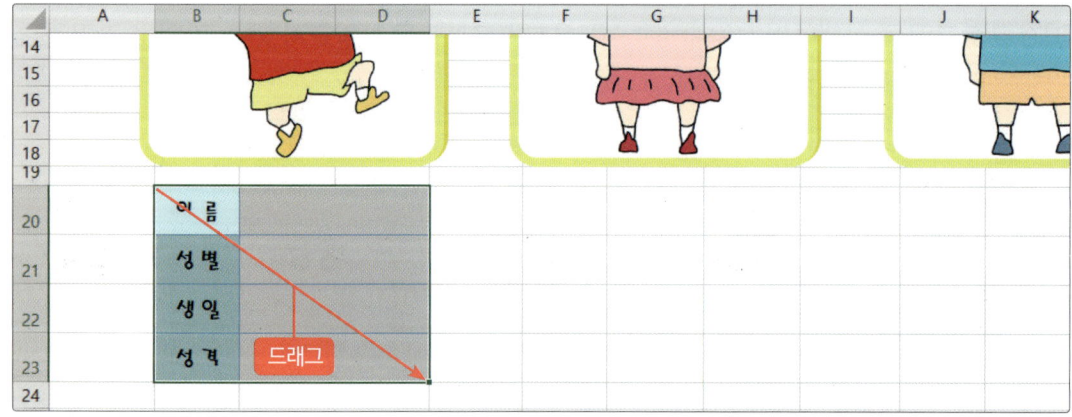

❷ Ctrl + C 를 눌러 선택된 셀을 복사해요.

❸ [F20] 셀을 선택한 다음 Ctrl + V 를 눌러 내용을 붙여 넣어요.

❹ 똑같은 방법으로 [J20] 셀, [N20] 셀, [R20] 셀에 각각 원아증 내용을 붙여 넣어요.

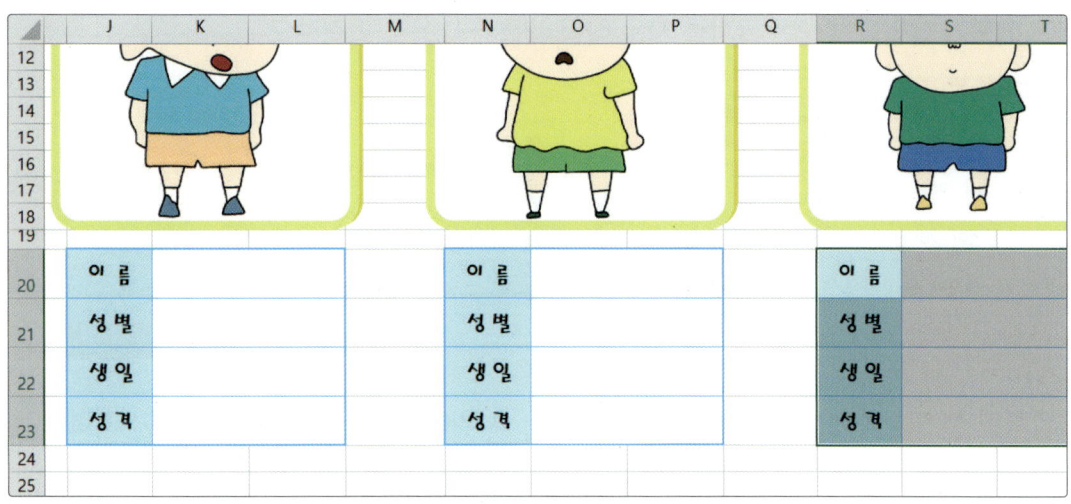

❺ 다음을 참고하여 원아증에 들어갈 내용을 자유롭게 입력해 보세요.

이 름	짱구
성 별	남
생 일	5월 5일
성 격	장난을 좋아함

이 름	유리
성 별	여
생 일	3월 20일
성 격	고집이 셈

이 름	철수
성 별	남
생 일	8월 20일
성 격	똑똑함

이 름	맹구
성 별	남
생 일	9월 16일
성 격	이해심이 많음

이 름	훈이
성 별	남
생 일	7월 14일
성 격	소심함

셀에 메모를 삽입하여 특이사항을 표시해요!

① [G20:H20] 셀 위에서 마우스 오른쪽 버튼을 눌러 [메모 삽입]을 클릭해요.

② 해당 셀에 메모가 삽입되면 모든 글자를 지운 다음 새롭게 내용을 입력해요.

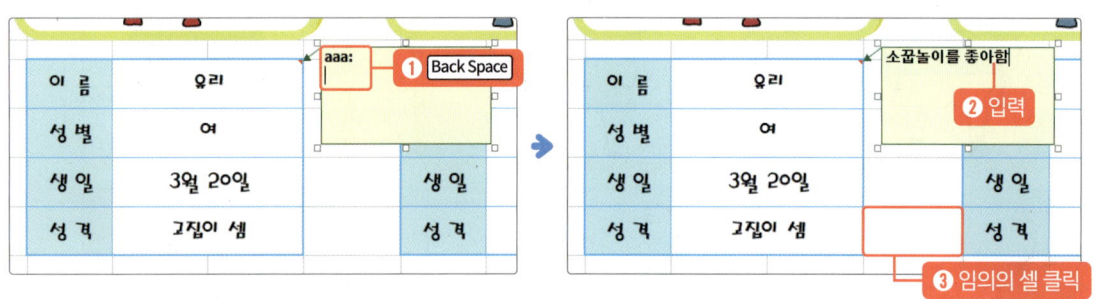

③ 메모가 입력된 셀 오른쪽에는 **빨간색 점**이 표시되며, 셀 위에 마우스 포인터를 올리면 입력했던 메모를 확인할 수 있어요.

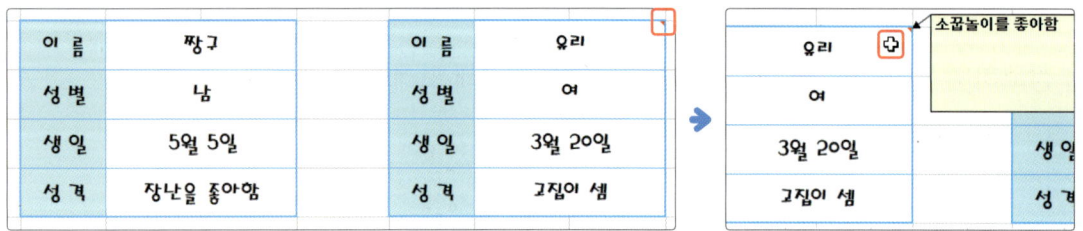

팁 메모를 수정하거나 삭제해요!

메모가 입력된 셀 위에서 마우스 오른쪽 버튼을 눌러 [메모 편집] 또는 [메모 삭제]를 클릭해요.

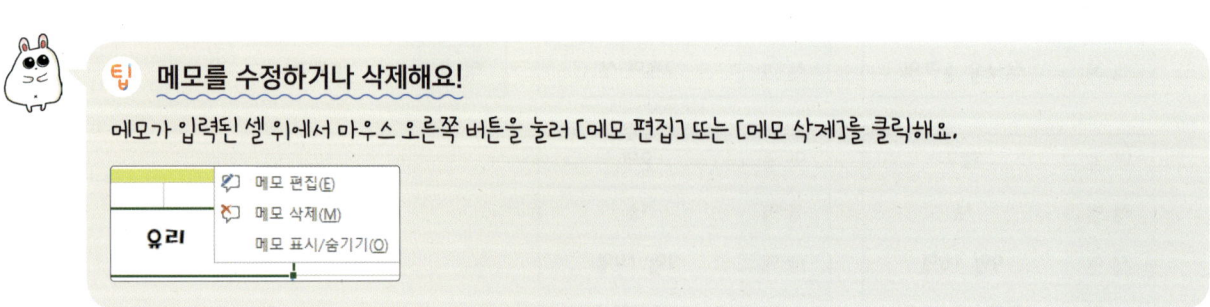

 **작품을 완성해요**

① 메모 삽입 기능을 이용하여 해바라기 반 친구들의 특이사항을 자유롭게 적어보세요.

 **스스로 만들어요**

- 실습파일 : 유치원교사_연습문제.xlsx
- 완성파일 : 유치원교사_연습문제(완성).xlsx

① [B3:F14] 셀을 복사한 다음 위 그림을 참고하여 알맞은 위치에 붙여 넣어요.
② 셀 주변의 캐릭터를 병합된 셀로 이동시켜요.
③ 내용을 자유롭게 입력해 보세요.
④ 병합된 [C4:E8], [I4:K8], [O4:Q8] 셀에 메모를 이용하여 인물의 특징을 적어보세요.

13 인테리어디자이너의 실내 장식

배우는 기능

★ 컴퓨터에 저장된 그림을 삽입해요.
★ 자르기 기능을 이용하여 그림에서 필요한 부분만 잘라내요.

▶ 실습파일 : 인테리어디자이너.xlsx   ▶ 완성파일 : 인테리어디자이너(완성).xlsx

완성 작품 미리보기

재미난 직업이야기

　　인테리어 디자이너는 고객이 원하는 목적에 따라 주택, 사무실 등 상가 건물의 내부 환경을 설계하고 장식하는 일을 해요. 디자인을 의뢰한 고객과 충분한 협의를 거쳐 건물의 목적과 기능, 비용, 건축 형태 등을 잘 파악하여 디자인하지요. 인테리어 디자인이 시작되기 직전에는 공간의 모양에 비례하여 가구, 장식품, 색상, 조명 등을 구체적으로 선정하게 됩니다. 해당 직업과 관련된 전문학교에 진학하는 것이 좋으며, 관련 자격증도 필요할 거예요.

창의 놀이터

가로/세로 열쇠를 참고하여 재미있는 십자말풀이를 완성해 보세요.

가로열쇠

1. 공기 또는 햇빛을 받을 수 있고 밖을 볼 수 있도록 벽에 낸 문
2. 길고 푹신하며 등받이가 있고 누울 수도 있는 의자
4. 음식을 차려 놓고 먹을 수 있도록 만든 탁자
5. 내 모습을 비추어 볼 수 있는 물건이며 유리로 되어 있음
8. 배우를 등장인물의 특징에 맞추어 꾸며주는 직업
9. 사람이 누워서 잘 수 있는 푹신한 가구

세로열쇠

2. 여름에 갑자기 쏟아지는 비
3. 남녀가 부부가 되는 특별한 행사
6. 독도 주변의 커다란 섬
7. 꽃이나 나무를 심는 그릇

1 그림을 삽입한 다음 배치 순서를 바꿔요!

① 엑셀 2016 프로그램을 실행하여 [Chapter 13_인테리어디자이너]-**인테리어디자이너.xlsx** 파일을 불러와요.

❷ 마린인테리어를 찾은 손님들이 어떤 디자인을 원하는지 먼저 살펴볼까요?

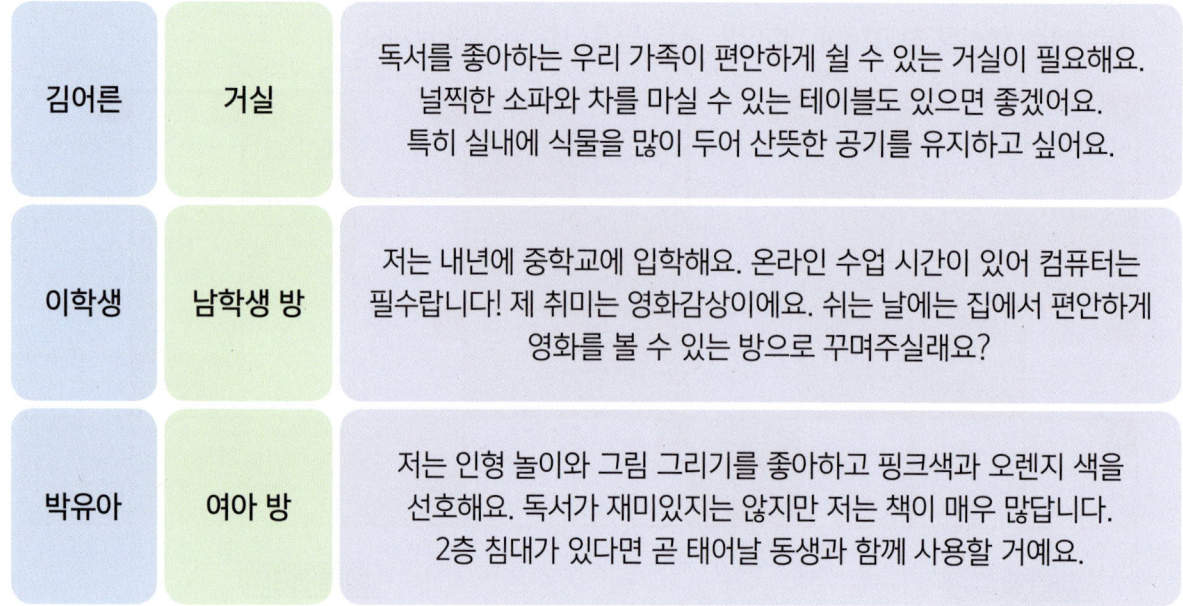

김어른	거실	독서를 좋아하는 우리 가족이 편안하게 쉴 수 있는 거실이 필요해요. 널찍한 소파와 차를 마실 수 있는 테이블도 있으면 좋겠어요. 특히 실내에 식물을 많이 두어 산뜻한 공기를 유지하고 싶어요.
이학생	남학생 방	저는 내년에 중학교에 입학해요. 온라인 수업 시간이 있어 컴퓨터는 필수랍니다! 제 취미는 영화감상이에요. 쉬는 날에는 집에서 편안하게 영화를 볼 수 있는 방으로 꾸며주실래요?
박유아	여아 방	저는 인형 놀이와 그림 그리기를 좋아하고 핑크색과 오렌지 색을 선호해요. 독서가 재미있지는 않지만 저는 책이 매우 많답니다. 2층 침대가 있다면 곧 태어날 동생과 함께 사용할 거예요.

❸ [김어른] 시트에서 [삽입]-[일러스트레이션]-[그림(🖼)]을 클릭해요.

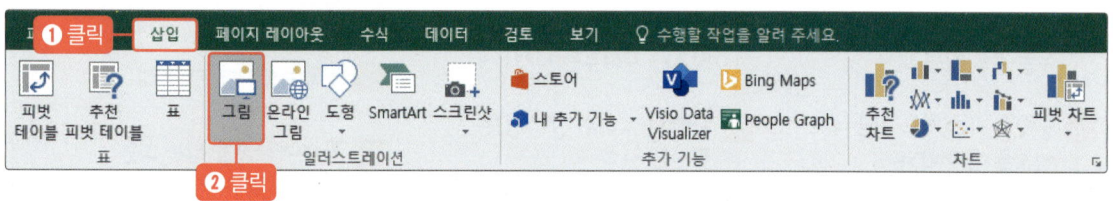

❹ [불러올 파일]-[Chapter 13_인테리어디자이너]-[가구] 폴더에서 **가구-8.png** 파일을 선택하고 <삽입>을 클릭해요.

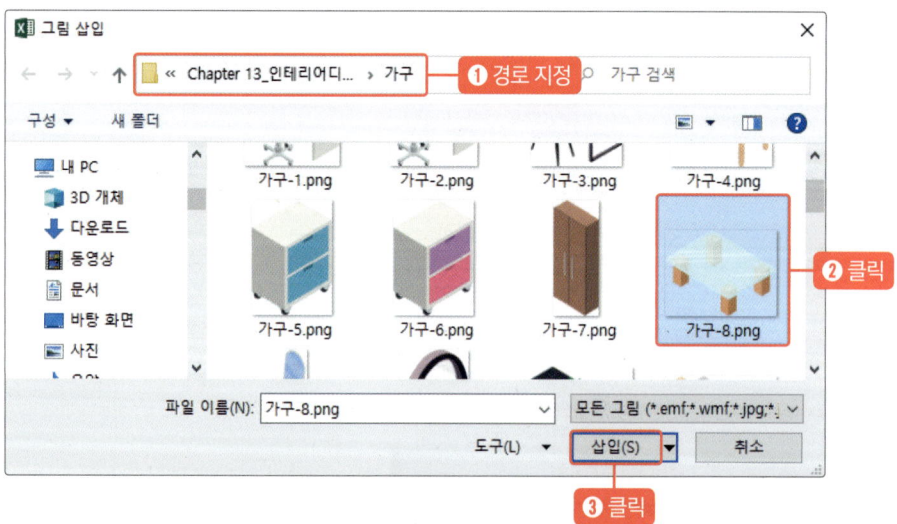

팁 그림 미리보기

[그림 삽입] 대화상자에서 그림을 미리 확인하기 위해서는 ▼을 클릭하여 [큰 아이콘]을 선택합니다.

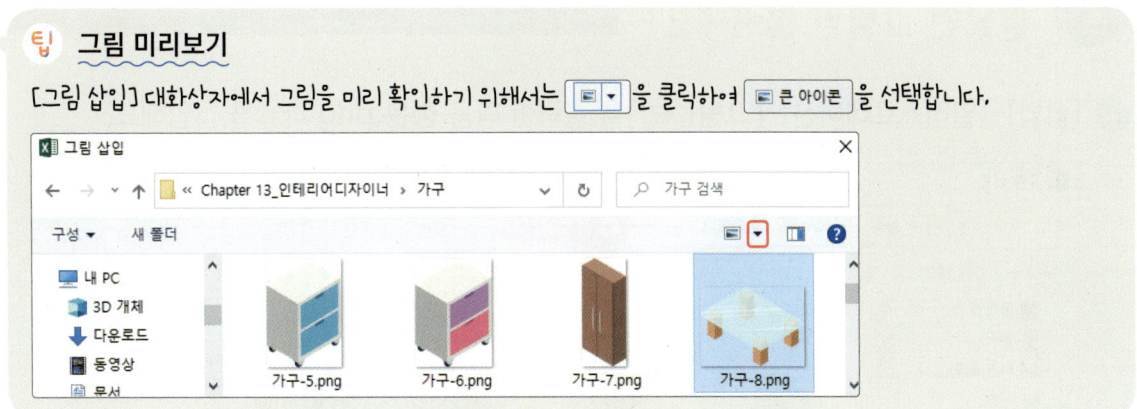

❺ 삽입된 그림의 크기와 위치를 적당하게 조절해요.

❻ 이번에는 [불러올 파일]-[Chapter 13_인테리어디자이너]-**[바닥]** 폴더에서 원하는 장식을 삽입해 볼까요?

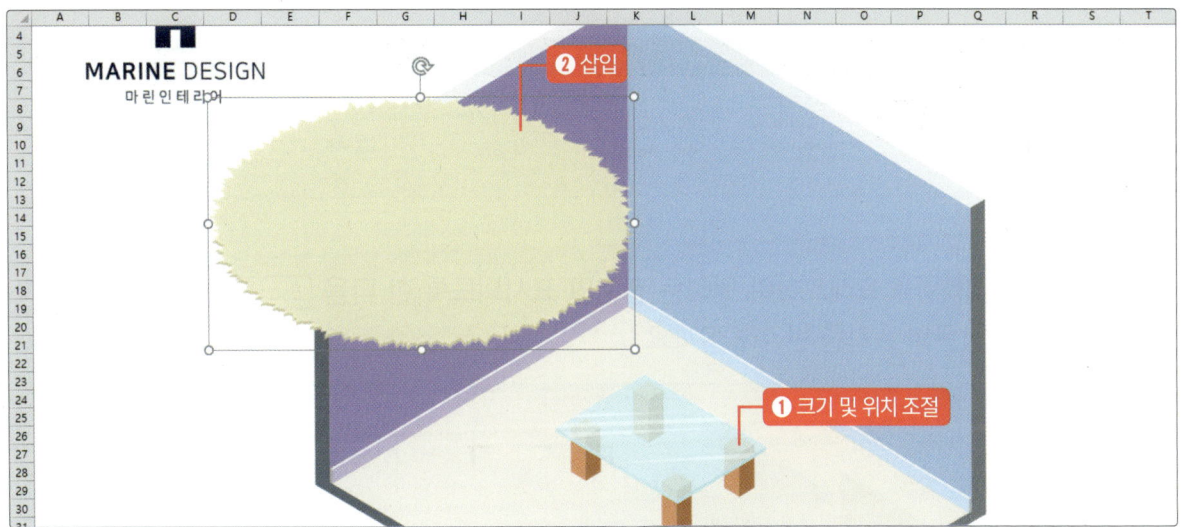

❼ 바닥 장식의 크기와 위치를 아래와 같이 조절해요. 마우스 오른쪽 버튼을 눌러 **[맨 뒤로 보내기]**를 클릭하면 그림의 배치 순서를 변경할 수 있어요.

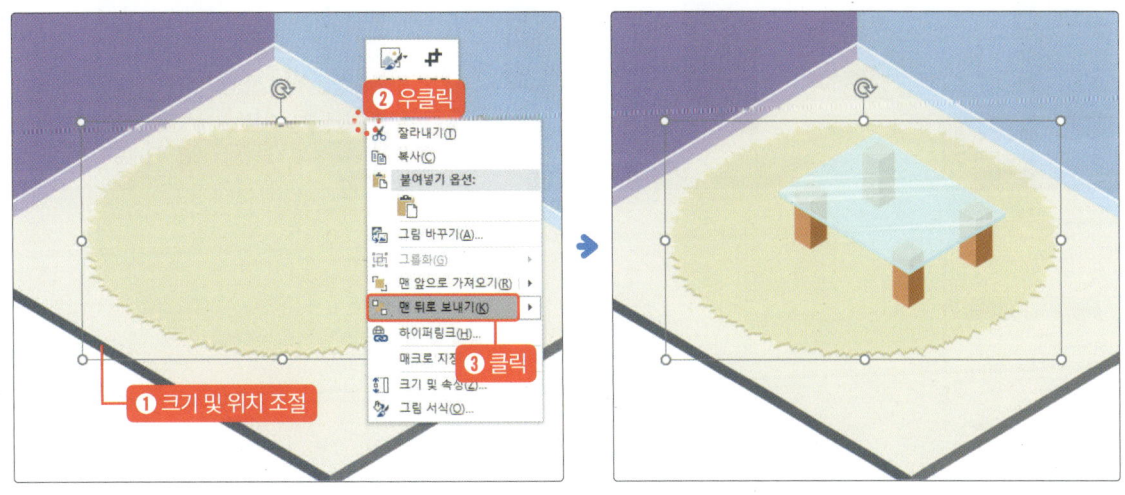

2 필요한 그림만 잘라내요!

① [삽입]-[일러스트레이션]-[**그림()**]을 클릭한 다음 **창문.png** 파일을 삽입해요.

② [서식]-[크기]-[**자르기()**]를 클릭해요.

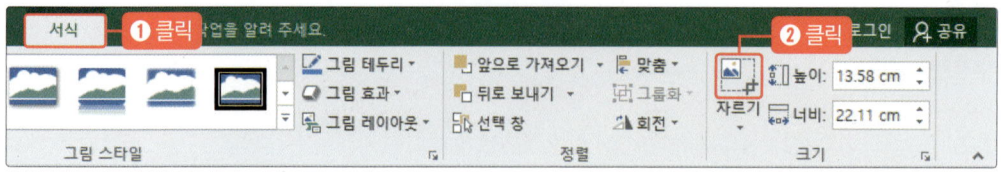

③ 자르기 조절점()을 드래그하여 원하는 창문만 표시되도록 한 다음 Esc 를 눌러 그림 자르기를 종료해요. 이제 창문의 위치를 변경해 볼까요?

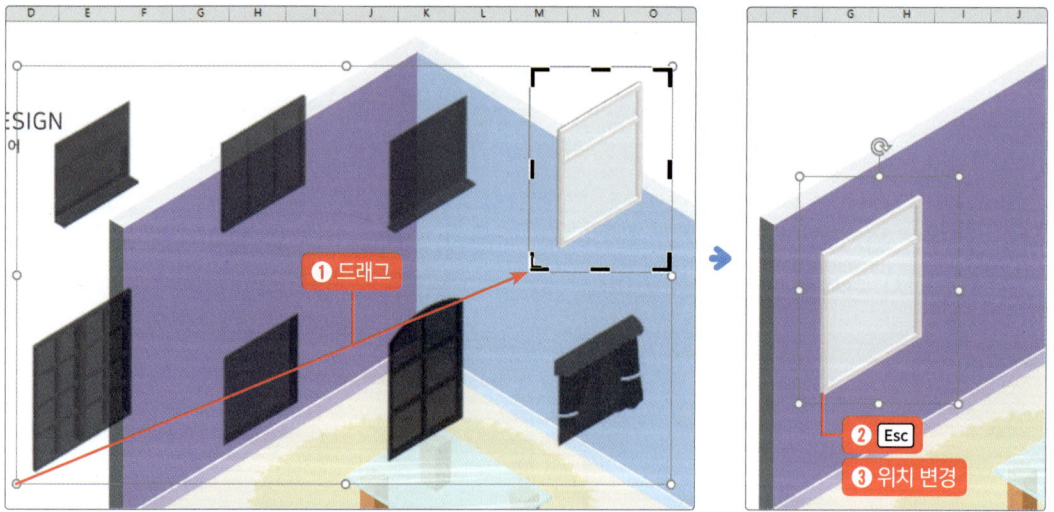

 **작품을 완성해요**

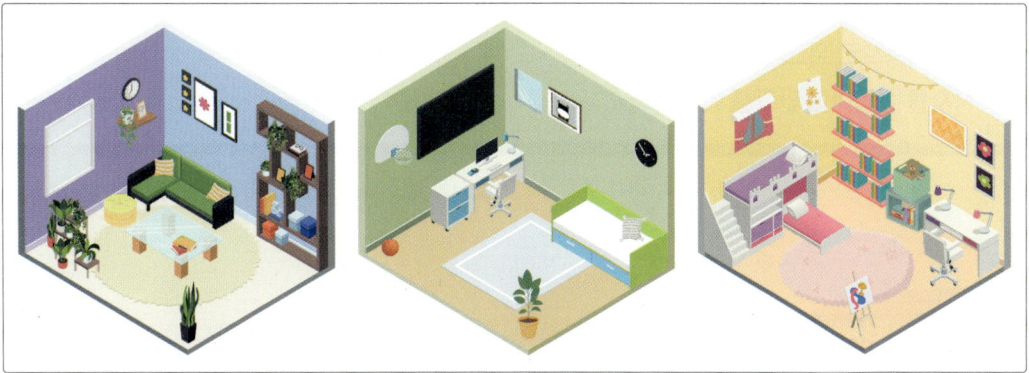

① 76 페이지 2번의 의뢰 내용에 따라 각 시트의 방을 예쁘게 꾸며 주세요.

> **좌우대칭 하는 방법**
> 왼쪽 벽 장식을 오른쪽에 붙이고 싶다면 해당 그림을 선택한 후 [서식]-[정렬]-[회전( )]
> → [좌우 대칭( )]을 클릭해요.

 **스스로 만들어요**

• 실습파일 : 없음.xlsx   • 완성파일 : 인테리어디자이너_연습문제(완성).xlsx

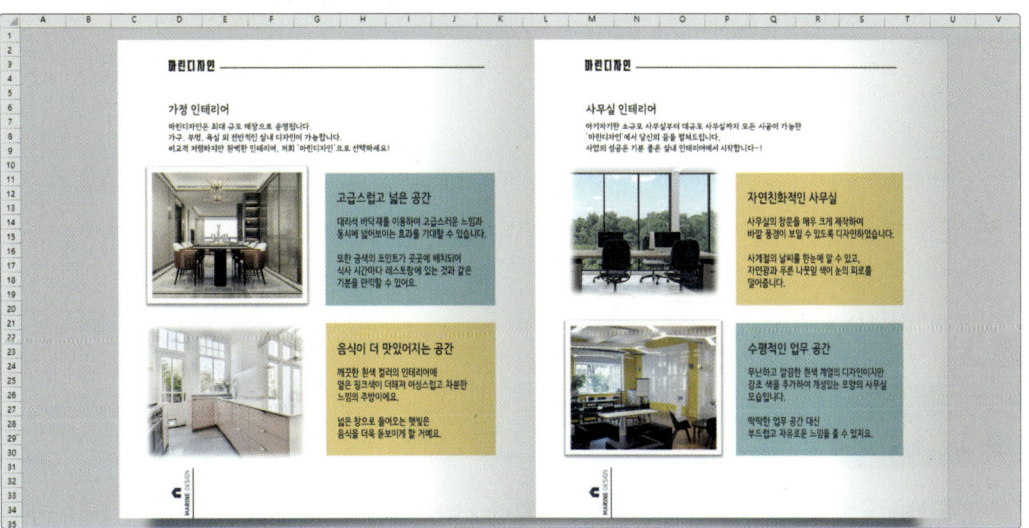

① 엑셀 프로그램을 실행한 다음 '브로슈어.png' 그림을 삽입하고 크기와 위치를 적당하게 조절해요.
② '집.png', '사무실.png' 그림을 삽입한 다음 자르기 기능을 이용하여 설명에 알맞은 그림만 잘라서 배치해요.
③ 잘라낸 그림에 원하는 그림 스타일을 적용해 보세요.

13 인테리어디자이너의 실내 장식

14 만화가의 시나리오

배우는 기능

★ 하이퍼링크 기능으로 워크시트를 연결해요.
★ 텍스트 상자를 삽입하여 만화를 완성해요.

▶ 실습파일 : 만화가.xlsx   ▶ 완성파일 : 만화가(완성).xlsx

완성 작품 미리보기

재미난 직업이야기

만화가는 글과 그림 솜씨를 발휘하여 나의 생각이나 하고 싶은 이야기를 표현하는 직업이에요. 애니메이션은 종이가 아닌 영상을 통해 만화를 보여주고, 이런 일을 하는 사람을 애니메이터라고 부릅니다. 또한 웹툰이란 웹에서 보여주는 만화를 뜻하지요. 만화가가 되기 위해서는 만화를 즐겨 보아야 하고, 늘 상상하고 그림을 그리는 연습을 하는 것이 도움이 된다고 해요.

창의 놀이터

제시된 캐릭터 관련 단어를 찾아보고, 새롭게 찾은 단어가 있다면 친구들과 비교해 보세요!

▶ 짱구, 펭수, 잠만보, 도라에몽, 춘식이, 어피치, 어몽어스, 피카츄, 마이멜로디, 스폰지밥, 키티

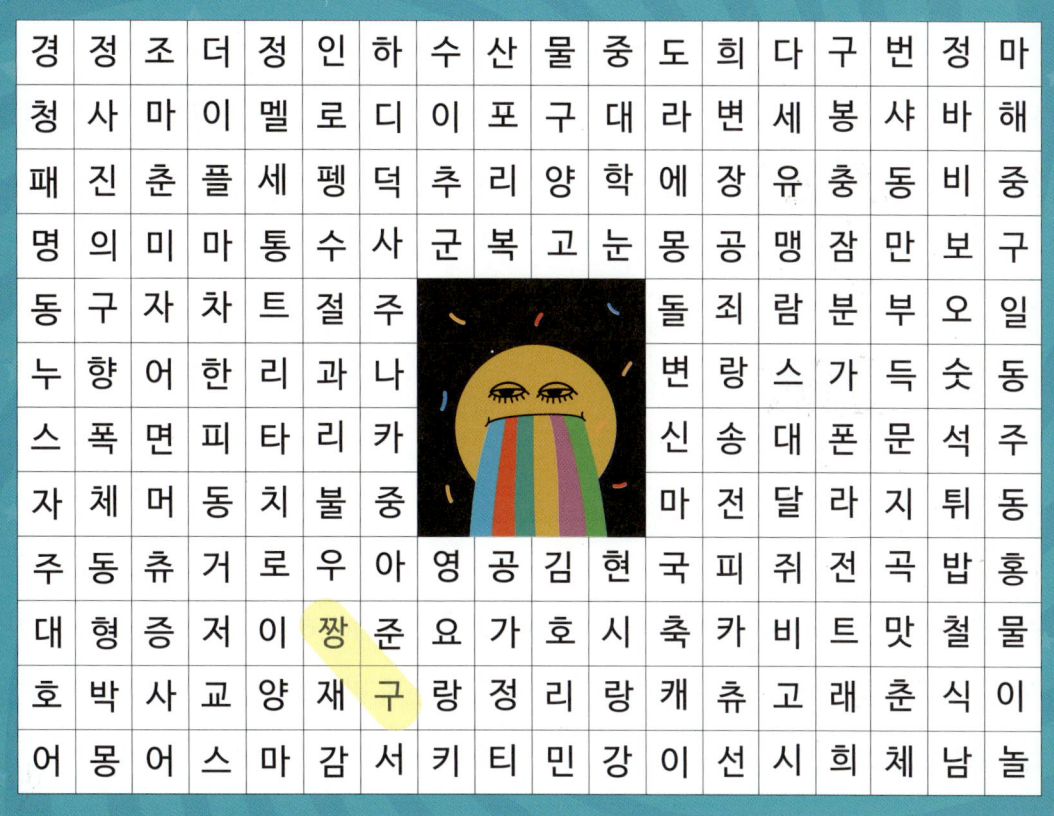

1   그림에 하이퍼링크를 삽입해요!

① 엑셀 2016 프로그램을 실행하여 [Chapter 14_만화가]-**만화가.xlsx** 파일을 불러와요.

14 만화가의 시나리오

❷ 만화를 만들기 전에 간단하게 시나리오를 작성해 볼까요?

제목	나도 고등학생		
장르	일상		
시나리오	초등학교, 중학교를 졸업하고 고등학생이 되면 무엇이 달라질까? 빨리 어른이 되고 싶은 아이들의 꿈과 희망을 재미난 이야기로 그려본다.		
	사진	이름	캐릭터 성격
주인공			

❸ '다음 장면으로' 그림을 클릭했을 때 다른 시트로 이동시키기 위해 하이퍼링크를 삽입할 거예요.

❹ **[1페이지]** 시트의 **다음 장면으로** 그림 위에서 마우스 오른쪽 버튼을 눌러 **[하이퍼링크]**를 클릭해요.

> **팁 하이퍼링크란 무엇인가요?**
> 하이퍼링크란 특정 부분을 클릭했을 때 다른 시트로 한 번에 이동할 수 있는 기능을 말해요. 특정 셀을 지정하면 해당 셀로도 이동이 가능하답니다. 하이퍼링크 기능은 현재 사용 중인 문서나 전혀 다른 문서에도 적용시킬 수 있으며, 인터넷 사이트로도 이동이 가능해요!

❺ 아래와 같이 연결 위치를 지정한 다음 <확인>을 클릭해요. '다음 장면으로' 그림을 클릭했을 때 [2페이지] 시트로 이동하도록 하이퍼링크를 지정했어요.

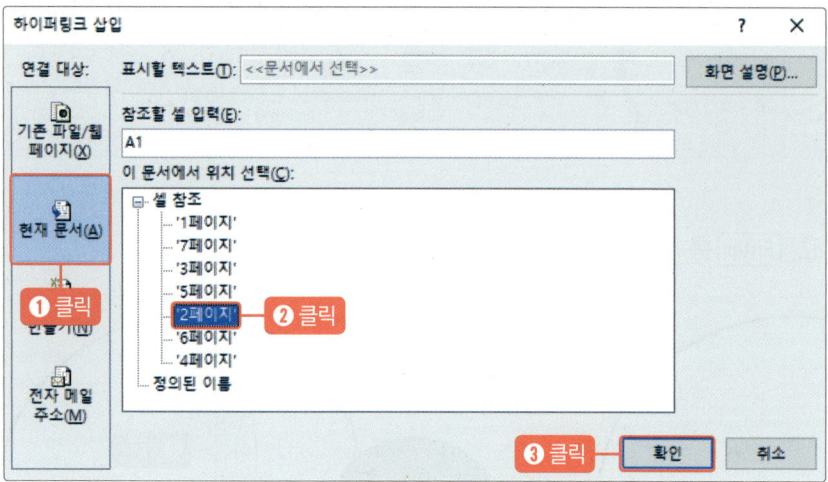

❻ Esc 를 눌러 그림 선택을 해제해 주세요.

❼ 하이퍼링크가 적용된 **다음 장면으로** 그림을 클릭하여 **[2페이지]** 시트로 이동하는 것을 확인해요.

> **팁 하이퍼링크가 적용된 그림 구분하기!**
> 하이퍼링크가 삽입된 개체에 마우스 포인터를 올리면 🖑 모양으로 표시돼요.

❽ 똑같은 방법을 이용하여 각 페이지로 이동할 수 있도록 하이퍼링크를 삽입해 보세요. **[7페이지]** 시트의 **처음으로 돌아가기** 그림은 **[1페이지]** 시트로 연결시켜 주세요.

2 텍스트 상자를 넣어 내용을 입력해요!

❶ **[3페이지]** 시트를 선택한 다음 [삽입]-[텍스트]-**[텍스트 상자( )]**를 클릭해요.

❷ 원하는 내용을 입력해 보세요. Enter 를 누르면 아랫줄에 입력할 수 있어요.

작품을 완성해요

① 텍스트 상자를 이용하여 각 시트의 말풍선에 원하는 내용을 입력해 보세요.
② [7페이지] 시트에서 도형을 삽입하여 사용하지 않은 말풍선을 보이지 않도록 숨길 수 있어요.

스스로 만들어요

• 실습파일 : 만화가_연습문제.xlsx • 완성파일 : 만화가_연습문제(완성).xlsx

① [웹툰작가소개] 시트 그림에 하이퍼링크를 삽입하여 알맞은 시트로 연결해 보세요.
② 텍스트 상자를 이용해 각 시트에 웹툰 작가 이름을 적어보세요.
③ 이번에 소개된 웹툰은 전체 연령 이용이 가능해요. 네이버에서 웹툰 제목을 검색하여 감상할 수 있답니다.

15 언어의 마술사 통역가

배우는 기능

★ 인터넷을 활용하여 여러 나라의 인사말을 번역해요.
★ 인터넷에서 찾은 데이터를 복사하여 엑셀 파일에 붙여 넣어요.

▶ 실습파일 : 통역가.xlsx   ▶ 완성파일 : 통역가(완성).xlsx

완성 작품 미리보기

	나라	한국	베트남	중국	미국	일본	독일
	언어	한국어	베트남어	중국어	영어	일본어	독일어
	번역	안녕	chào	你好。	Hi.	こんにちは	Hallo.
		잘자	ngủ ngon	晚安。	Good night	お休み	Gute Nacht.
		고마워	Cảm ơn	谢谢。	Thank you.	ありがとな	Danke.
		미안해	xin lỗi	对不起。	I'm sorry.	ごめんな。	Es tut mir leid.
		사랑해	anh yêu em	我爱你。	I love you.	大好き。	Ich liebe dich.

재미난 직업이야기

우리나라 언어를 잘 모르는 외국인의 말을 우리말로 바꾸어 전달하거나 그 반대로 우리나라의 말을 외국 언어로 전달하는 일을 하는 사람을 통역가라고 불러요. 통역가는 뉴스 프로그램에서 자주 볼 수 있어요. 통역가가 되기 위해서는 우리말을 잘해야 하는 것은 필수이고, 외국어도 그 나라 사람들처럼 유창하게 말할 수 있어야 합니다. 해외에서 오래 살아서 외국어를 잘한다면 특별한 자격 없이도 통역가가 될 수 있어요.

창의 놀이터

영어 이름과 알맞게 선을 연결한 다음 **스티커**를 붙여보세요. 스티커의 그림자 색상에서 영어 힌트를 얻을 수 있어요!

book	egg	milk	crown	sun
북	에그	밀크	크라운	썬

왕관　책　계란　우유　해

1 각 나라 셀에 알맞은 그림을 배치해요!

1. 엑셀 2016 프로그램을 실행하여 [Chapter 15_통역가]-**통역가.xlsx** 파일을 불러와요.

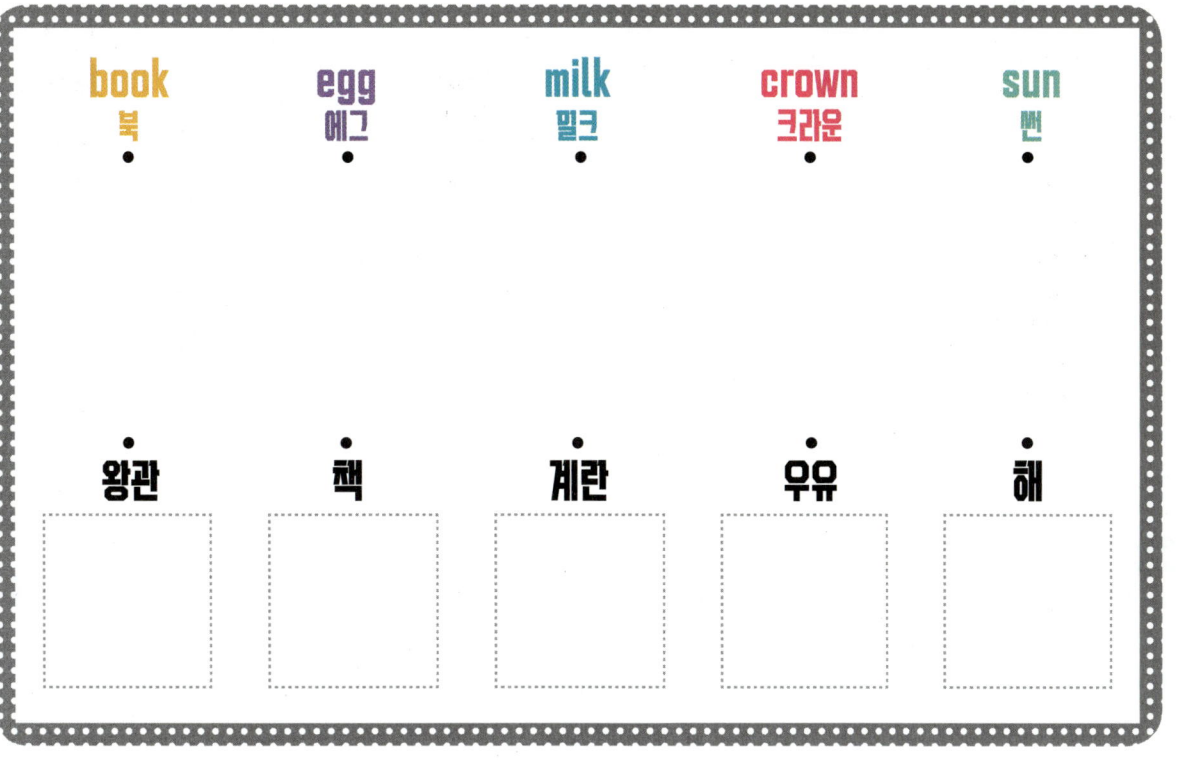

❷ 시트 오른쪽을 보면 각국의 전통 의상을 입은 캐릭터가 보일 거예요. 알맞은 셀에 배치해 볼까요?

한국	베트남	중국	미국	일본	독일
한국어	베트남어	중국어	영어	일본어	독일어
안녕					
잘자					
고마워					
미안해					
사랑해					

2 파파고 번역기를 실행하여 인사말을 번역해요!

❶ 인터넷에는 다양한 번역기 서비스가 있어요. 그중 오늘은 '파파고'를 이용해 보도록 할게요.

❷ 인터넷을 실행한 다음 **파파고**를 검색해요.

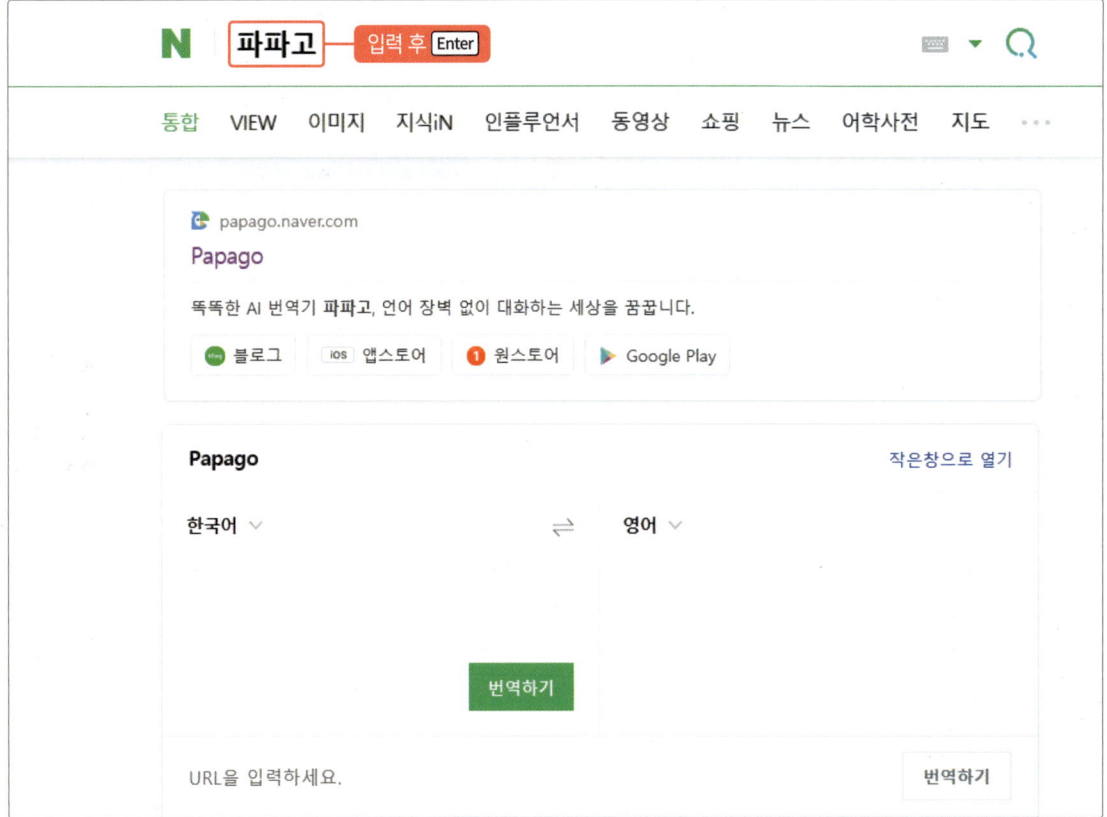

88

❸ 한국어에 **안녕**을 입력한 다음 **베트남어**를 선택하여 번역된 언어를 확인해보세요.

 💡 베트남어로 다른 내용을 번역할래요!

아래와 같이 한국어 단어를 입력한 다음 〈번역하기〉를 클릭하면 번역된 결과를 확인할 수 있어요.

3 번역된 결과를 복사하여 엑셀 프로그램에 붙여 넣어요!

❶ 베트남어로 번역된 단어를 드래그하여 블록으로 지정한 다음 Ctrl+C를 눌러 복사해요.

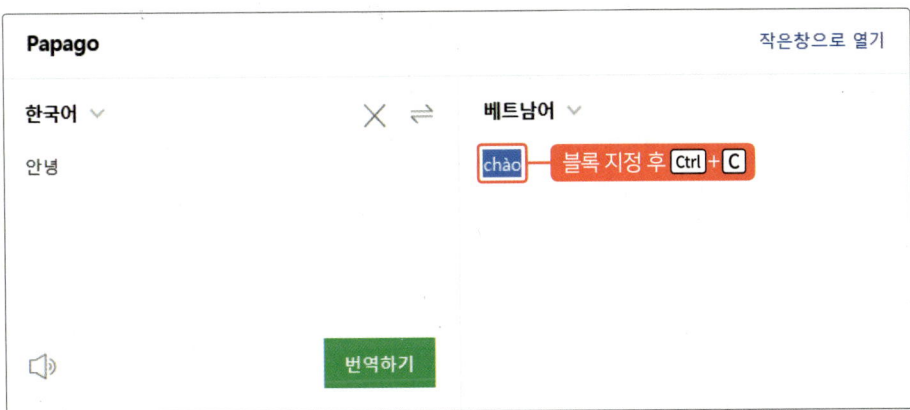

❷ 작업 중인 **통역가.xlsx** 파일을 활성화시킨 다음 [D5] 셀을 더블 클릭해요.

❸ Ctrl+V를 눌러 복사한 번역 내용을 붙여 넣을 수 있어요.

 팁 셀을 더블 클릭하는 이유는 무엇일까요?

셀이 선택된 상태에서 복사한 텍스트를 붙여넣으면 아래 그림과 같이 글꼴 서식이 기본으로 적용되기 때문에 셀을 더블 클릭하여 입력 상태가 되었을 때 붙여 넣기를 작업하도록 해요.

작품을 완성해요

한국	베트남	중국	미국	일본	독일
한국어	베트남어	중국어	영어	일본어	독일어
안녕	chào	你好。	Hi.	こんにちは	Hallo.
잘자	ngủ ngon	晚安。	Good night	お休み	Gute Nacht.
고마워	Cảm ơn	謝謝。	Thank you.	ありがとな	Danke.
미안해	xin lỗi	对不起。	I'm sorry.	ごめんな。	Es tut mir leid.
사랑해	anh yêu em	我爱你。	I love you.	大好き。	Ich liebe dich.

❶ '파파고' 번역기를 활용하여 각국의 언어로 모두 번역해 보세요.

스스로 만들어요

• 실습파일 : 통역가_연습문제.xlsx   • 완성파일 : 통역가_연습문제(완성).xlsx

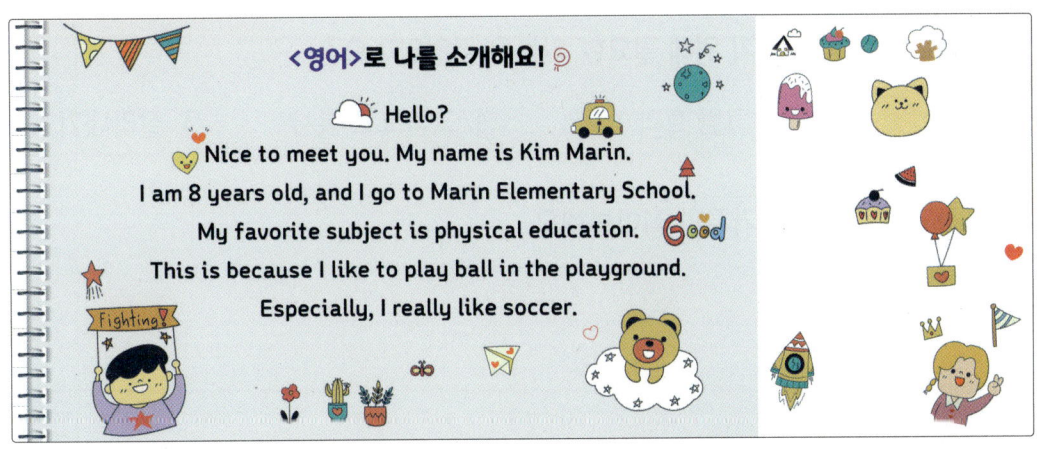

❶ ○ 안에 들어갈 단어를 수정해보고, 나를 소개하는 내용을 아래쪽 셀에 추가하여 입력해요.
❷ '파파고' 번역기를 활용하여 입력된 내용을 영어로 번역해 보세요.
❸ 시트 주변의 그림으로 스케치북을 예쁘게 꾸며봅니다.

> **팁** 긴 문장도 간편하게 번역해요!
>
> 문장이 입력된 셀의 내용을 블록으로 지정해요. Ctrl+C 를 눌러 복사한 다음 '파파고'에 붙여 넣기(Ctrl+V)하면 쉽게 번역이 가능해요.

16 이만큼 배웠어요

📷 **퀴즈를 풀어보면서 지금까지 배운 내용을 정리해요.**

1 시트 탭(Sheet1)에 대한 설명으로 옳지 않은 것은 무엇일까요?

① 시트 탭의 색상을 바꿀 수 있어요.

② 시트 탭의 모양을 바꿀 수 있어요.

③ 시트 탭의 이름을 바꿀 수 있어요.

④ 시트 탭을 추가할 수 있어요.

2 아래 그림과 같이 셀에 설명을 추가하기 위해 사용하는 기능은 무엇일까요?

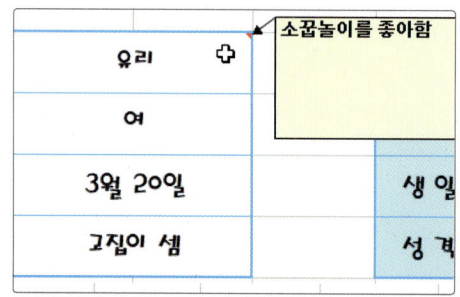

① 메모 삽입

② 도형

③ 텍스트 상자

④ 워드아트

3 셀을 하나의 그림처럼 만들기 위해 필요한 기능은 무엇일까요?

① 서식 복사   ② 그림 효과   ③ 그림으로 복사   ④ 잘라내기

4 동물 사육사가 하는 일을 3가지만 적어보세요.

5 나의 생각이나 하고 싶은 이야기를 글과 그림으로 표현할 수 있는 직업은 무엇일까요?

학생	선생님	부모님

아래 작업 순서를 참고하여 워크시트를 완성해요.

• **실습파일** : 16_연습문제.xlsx • **완성파일** : 16_연습문제(완성).xlsx

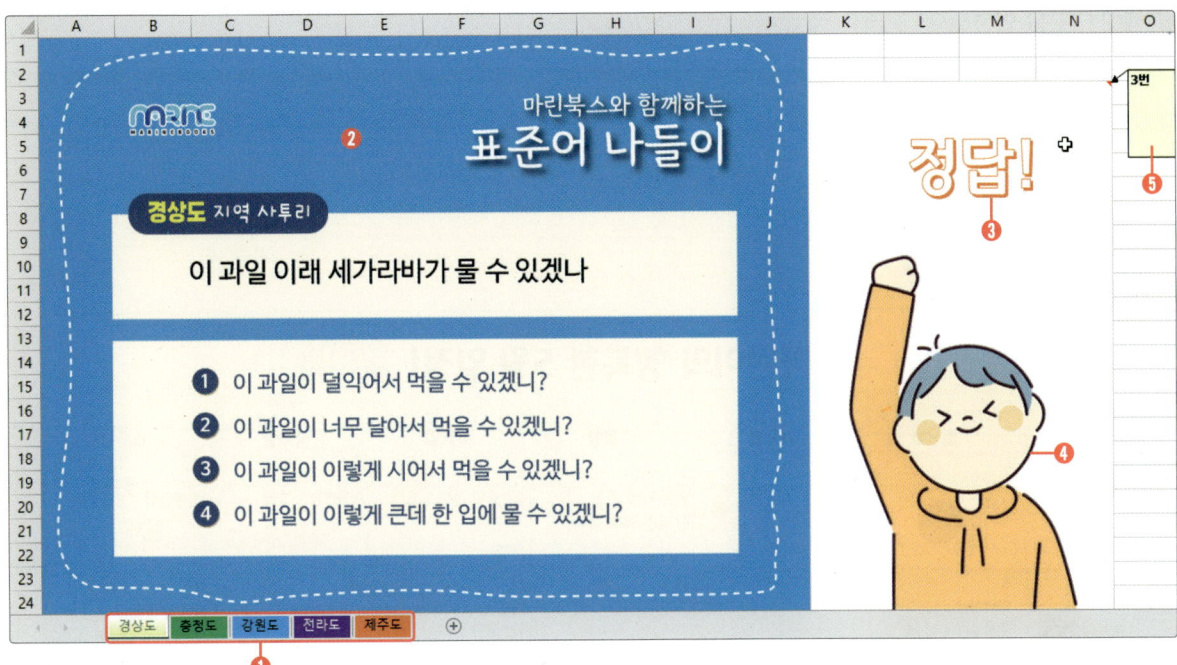

작업 순서

❶ 각 시트 탭의 색상을 원하는 색으로 변경해요.

❷ 병합된 [A1:J24] 셀에 지역 이름으로 된 그림을 삽입해요.
- 그림 삽입 : [삽입]-[일러스트레이션]-[그림()]

❸ 원하는 스타일의 워드아트를 삽입하여 '정답' 글자를 입력하고, 글꼴 서식도 변경해요.
- 워드아트 삽입 : [삽입]-[텍스트]-[WordArt()]
- 글꼴 서식 변경 : [홈]-[글꼴]

❹ '캐릭터.png' 그림을 삽입한 후 잘라내기 기능을 이용하여 각 시트별로 하나의 캐릭터만 배치해 보세요.
- 그림 자르기 : [서식]-[크기]-[자르기( )]

❺ 메모 기능을 이용하여 우측 병합된 셀([K3:N24])에 퀴즈의 정답을 표시해요.

17 연예인의 일정 관리 비법

배우는 기능

★ 자동 채우기 기능으로 문자와 숫자를 입력해요.
★ 셀에 내용을 입력해요.

▶ 실습파일 : 연예인.xlsx   ▶ 완성파일 : 연예인(완성).xlsx

완성 작품 미리보기

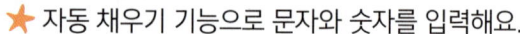

재미난 직업이야기

자신의 끼와 재능을 다양한 매체를 통해 보여주며 시청자들에게 즐거움을 선사하는 직업으로, 연예인을 보면서 시청자들은 웃기도 하고 울기도 하지요. 어떤 분야의 연예인이 되느냐에 따라 조금씩 달라질 수 있겠지만 본인이 가지고 있는 끼와 재능을 TV, 라디오, 영화, 무대 등에서 확실하게 보여줄 수 있는 패기가 필요해요. 이런 성향은 선천적으로 타고나기도 하지만 학원이나 학교에서 공부를 통해 충분히 학습할 수도 있답니다.

창의 놀이터

표정 **스티커** 를 활용하여 내가 좋아하는 연예인의 얼굴을 완성해 볼까요? 머리카락도 그리고 옷도 예쁘게 색칠해 주세요.

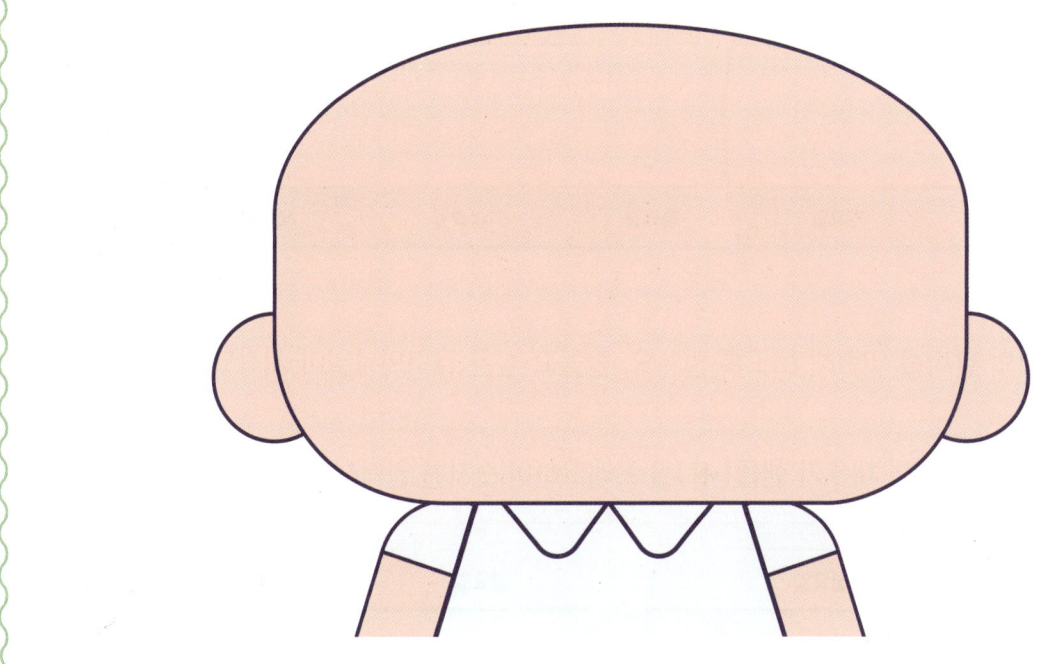

1 자동 채우기로 데이터를 입력해요!

① 엑셀 2016 프로그램을 실행하여 [Chapter 17_연예인]-**연예인.xlsx** 파일을 불러와요.

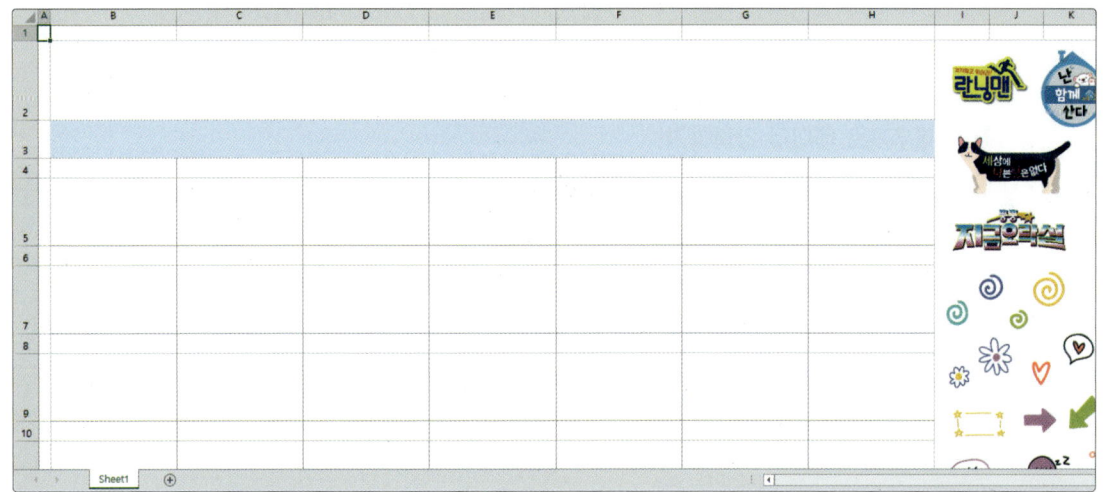

17 연예인의 일정 관리 비법 95

❷ [B3]에 **일요일**을 입력한 다음 **채우기 핸들(+)**을 드래그 해보세요.

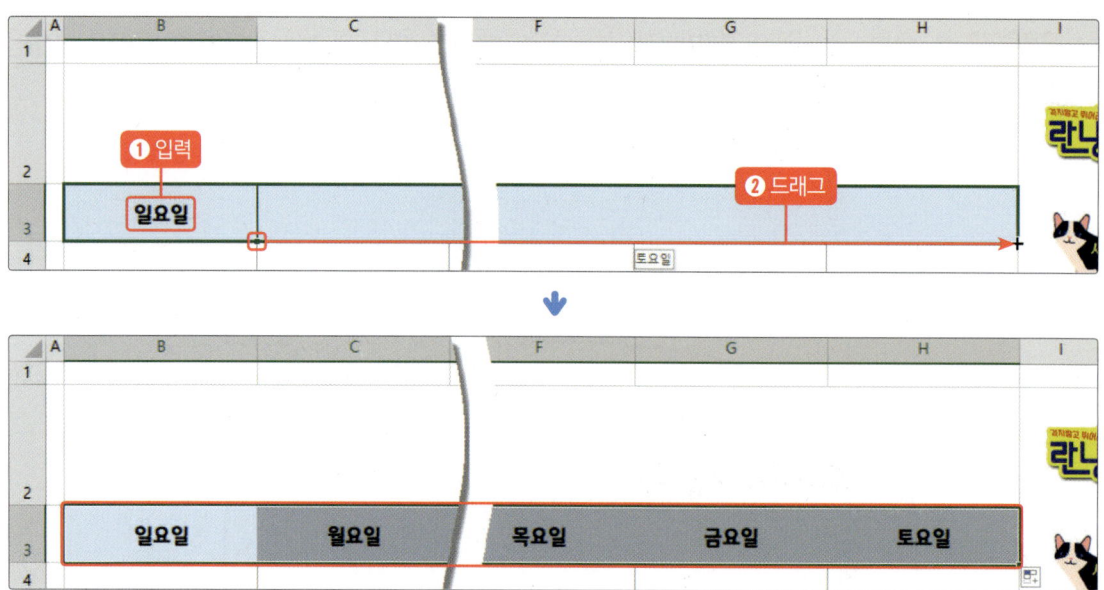

❸ 이번에는 달력의 날짜를 입력해 보도록 할게요. 만들고 싶은 달력의 1일이 시작되는 셀에 **1**을 입력해요.

❹ Ctrl을 누른 채 해당 셀의 **채우기 핸들(+)**을 드래그하여 숫자를 입력해 보세요.

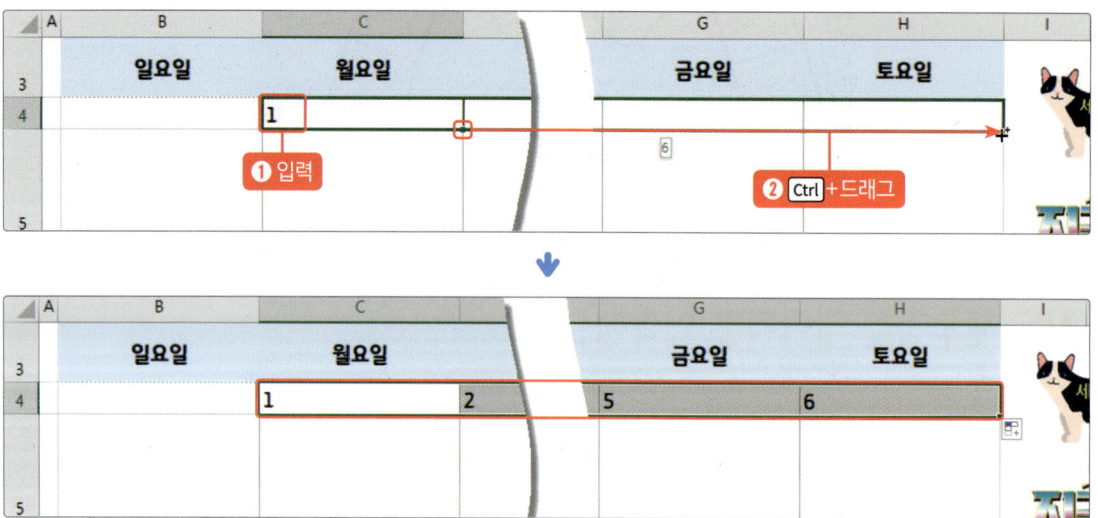

팁 자동 채우기로 데이터 입력하기!

요일이나 숫자와 같이 규칙적인 데이터는 자동 채우기로 입력하는 것이 편리해요. 하나씩 증가하는 숫자는 Ctrl을 누른 채 채우기 핸들(+)을 드래그해야 한다는 것을 잊지 마세요!

❺ 똑같은 방법으로 달력의 숫자 입력을 완료해 보세요.

일요일	월요일	화요일	수요일	목요일	금요일	토요일
	1	2	3	4	5	6
7	8	9	10	11	12	13
14	15	16	17	18	19	20
21	22	23	24	25	26	27
28	29	30	31			

❻ [B2:H13] 셀을 범위로 지정한 다음 [홈]-[글꼴]-[테두리] → **[굵은 바깥쪽 테두리]**를 선택해요.

❼ 일요일과 토요일의 글꼴 색상을 변경한 다음 법정 공휴일이 있다면 입력해 보세요.

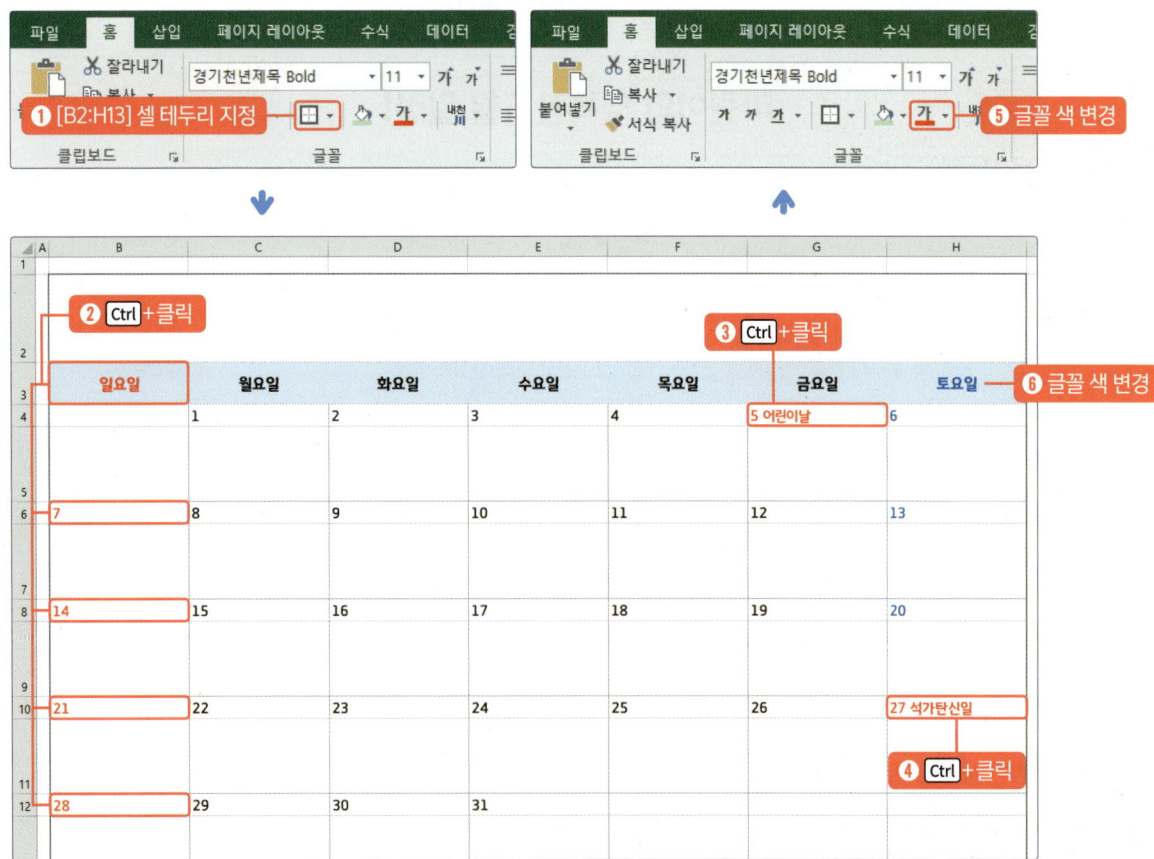

 팁 2개 이상의 셀을 선택해요!
- 붙어 있는 셀을 선택할 때는 드래그를 이용해요.
- 떨어져 있는 셀을 선택할 때는 Ctrl을 눌러 선택할 수 있어요.

2 셀에 내용을 입력해 보세요!

❶ [B2:H2] 셀에 자유롭게 제목을 입력해 보세요.

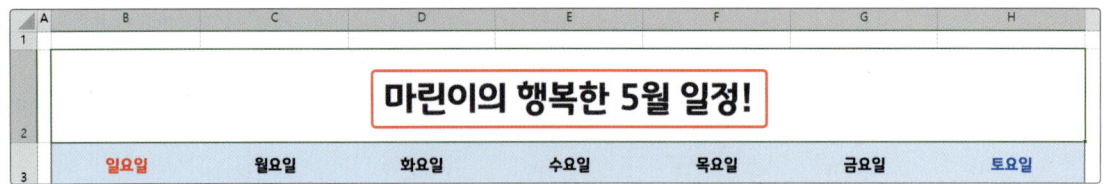

❷ [B9] 셀(14일 칸)을 선택하여 내용을 입력해요. Alt + Enter 를 눌러 아래쪽에 입력이 가능하답니다.

❸ 내가 연예인이 되었다고 생각하면서 일정을 계획해 보세요!

마린이의 행복한 5월 일정!

일요일	월요일	화요일	수요일	목요일	금요일	토요일
	1	2	3 어린이날 특집 란닝맨 녹화하러!	4 호수공원 산책	5 어린이날 어린이날은 휴식	6 팬싸인회
7 란닝맨 모니터링!	8 어버이날, 부모님과 저녁 식사	9	10	11 26일 방영 예정인 <난 함께 산다> 이틀 연속 녹화 예정	12	13 뮤지컬 관람 맛집 탐방
14 제주도 여행 14~16일까지!	15	16	17 동물친구 녹화장 가기 반려견 까꿍이와 동반	18	19	20 새로운 프로그램 고정 출연
21 동물친구 모니터링!	22	23 절친 마이유랑 데이트!	24	25 세나냥 게스트로 출연 요즘 고양이가 좋다	26 난 함께 산다 모니터링!	27 석가탄신일
28 집순이 모드	29	30 마지막 방송	31			

 팁 글자 입력이 힘들어요!

키보드 입력이 익숙하지 않은 친구들에겐 아직 많은 내용을 입력하기가 쉽지 않을 거예요. 적을 수 있을 정도의 내용으로만 자유롭게 입력해 보아요.

 **작품을 완성해요**

① [보기]-[표시]에서 '눈금선'을 해제해요.
② 시트 오른쪽의 그림을 활용하여 일정표를 꾸며보세요.

 **스스로 만들어요**

• 실습파일 : 연예인_연습문제.xlsx • 완성파일 : 연예인_연습문제(완성).xlsx

① [B3] 셀에 '월요일'을 입력한 다음 채우기 핸들(+)을 이용하여 요일을 입력해요.
② [B4]에는 '아침', [B6]에는 '점심', [B8]에는 '저녁'을 입력한 다음 채우기 핸들(+)을 이용하여 나머지 요일에도 입력해 보세요.
③ 다이어트 식단 제목을 입력하고, 시트 오른쪽의 그림을 활용하여 식단표를 꾸며보세요.

18 패션디자이너의 의상 선택은?

배우는 기능

★ 틀 고정 기능을 이용해 보아요.
★ 그림의 배경을 투명한 색으로 설정해요.

▶ 실습파일 : 패션디자이너.xlsx   ▶ 완성파일 : 패션디자이너(완성).xlsx

완성 작품 미리보기

재미난 직업이야기

패션 디자이너는 옷감, 가죽, 비닐 등 여러 가지 소재로 멋진 옷을 디자인하는 일을 해요. 계절이 시작되기 수개월 전부터 해외의 패션 흐름을 분석하여 계절에 알맞은 상품을 기획합니다. 옷을 구매하는 사람의 성별과 연령, 체형 등을 모두 고려하여 디자인 하는 것이 중요해요. 디자이너가 직접 그린 그림은 견본 의상의 기틀이 되고 그 의상을 입은 모델을 확인한 다음 옷 만들기를 시작하지요.

창의 놀이터

책 내용을 읽어보고, 빈 칸에 들어갈 알맞은 패션 아이템 스티커를 붙여주세요.

이상한 옷, 유행 시작되다!

작년까지만 해도 동물이 그려진 옷이 유행이었다면, 올해는 노랑과 핑크색 등 어울리지 않는 색의 조화로 만들어진 패션이 유행하고 있다. 촌스럽다는 반응도 이어지고 있지만, 패션 전문가들은 발빠르게 유행을 따라가려 노력 중이다. 통계에 따르면 내년에는 차분하고 안정된 색상의 패션이 유행할 가능성이 있다고 보며, 줄무늬 아이템은 시대와 상관없이 지속적으로 인기를 끌고 있다.

| 올해 유행하는 패션 아이템 | 작년 유행했던 패션 아이템 | 내년 유행할 패션 아이템 | 유행 없이 인기있는 패션 아이템 |

1 캐릭터의 얼굴 그림을 삽입해요!

① 엑셀 2016 프로그램을 실행하여 [Chapter 18_패션디자이너]-**패션디자이너.xlsx** 파일을 불러와요.

18 패션디자이너의 의상 선택은? 101

❷ **[B1]** 셀을 선택한 다음 [삽입]-[일러스트레이션]-**[그림( )]**을 클릭해요.

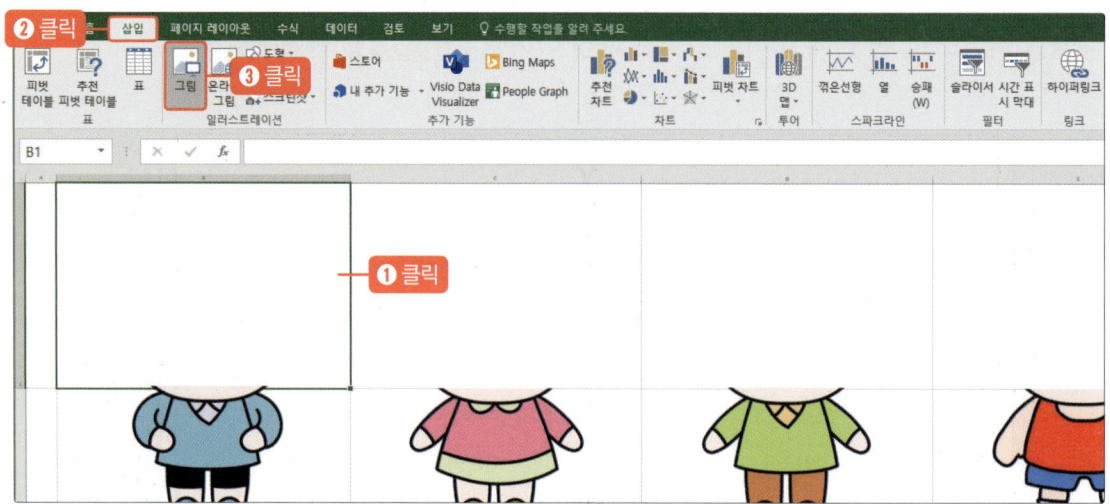

❸ [불러올 파일]-[Chapter 18_패션디자이너] 폴더에서 아래와 같이 그림을 선택한 다음 <삽입>을 클릭해요.

❹ 원하는 위치로 그림을 배치해주세요. 단, 크기는 변경하지 않도록 합니다.

② 틀 고정 기능으로 원하는 패션을 선택해요!

❶ 스크롤 바를 드래그하여 아래쪽 행으로 쭉 내리면 다양한 패션을 확인할 수 있지만 캐릭터의 얼굴이 사라지게 되죠?

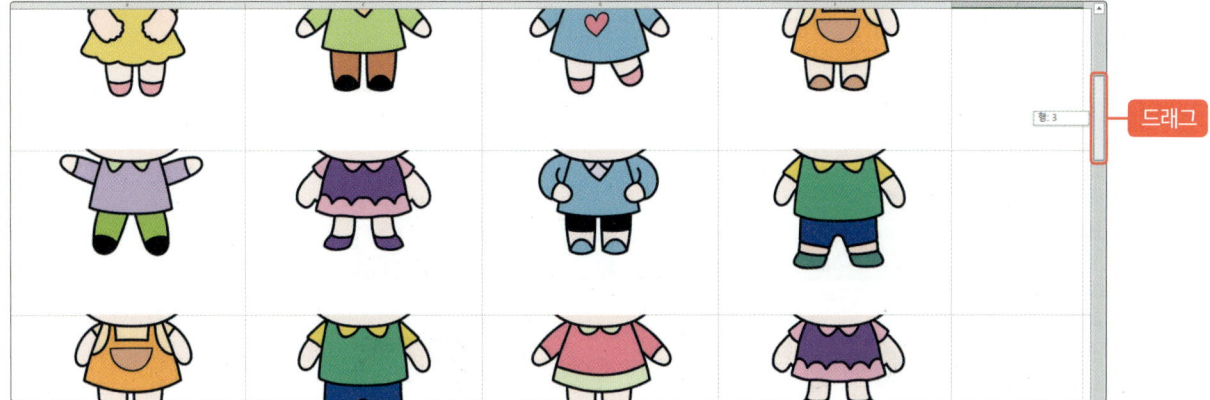

❷ 1행에 삽입된 캐릭터 얼굴을 고정하면 문제를 해결할 수 있답니다! [보기]-[창]-[틀 고정(▦)] → **[첫 행 고정(▦)]**을 선택해주세요.

❸ 스크롤 바를 드래그하거나, 방향키(↑, ↓)를 눌러 네 명의 캐릭터에게 어울리는 패션을 찾아주세요.

투명한 색 설정 기능으로 그림의 배경을 없애요!

❶ 장식품을 이용해 캐릭터를 조금 더 꾸며볼게요.

❷ **[B1]** 셀을 선택하여 [삽입]-[일러스트레이션]-[**그림( )**]을 클릭한 다음 꾸미기 그림을 불러옵니다.

❸ 삽입된 그림의 회색 배경을 제거해보도록 할게요. 그림이 선택된 상태에서 [서식]-[조정]-[색( )] → [**투명한 색 설정**]을 클릭해요.

❹ 마우스 포인터가 모양으로 변경되면 **회색 부분을 클릭**하여 투명하게 만들고, 크기와 위치를 조절하여 완성해요.

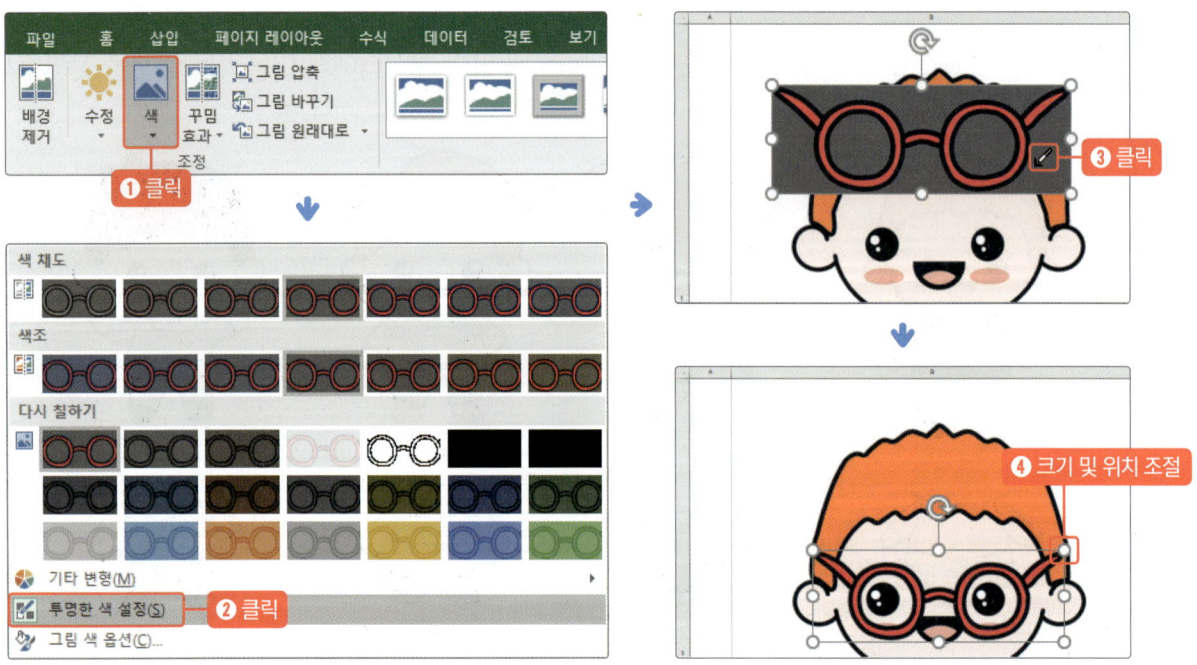

작품을 완성해요

① [Chapter 18_패션디자이너] 폴더에서 꾸미기 그림을 이용하여 캐릭터를 꾸며보세요.
② 스크롤 바를 드래그하거나, 방향키(↑, ↓)를 눌러 새로운 옷을 입혀보세요.

스스로 만들어요

- 실습파일 : 패션디자이너_연습문제.xlsx
- 완성파일 : 패션디자이너_연습문제(완성).xlsx

① 틀 고정에서 '첫 열 고정'을 지정한 다음 다양한 아이템으로 캐릭터를 꾸며보세요. 내 모습 또는 친한 친구의 모습을 만들어보는 것도 재미있겠죠?
② 표정 그림은 배경을 투명하게 변경한 다음 꾸며주세요. 만약 테두리가 깨끗하게 지워지지 않을 경우에는 [자르기()] 기능을 이용하여 잘라주세요!
③ [A2] 셀에 캐릭터의 이름 또는 별명을 적어보세요.

19 도서관 사서의 책 분류하기!

배우는 기능

★ 정렬 기능을 이용하여 도서 목록을 정리해요.
★ 자동 필터 기능을 이용하여 원하는 분야와 대상의 도서만 추출해요.

▶ 실습파일 : 사서.xlsx   ▶ 완성파일 : 사서(완성).xlsx

완성 작품 미리보기

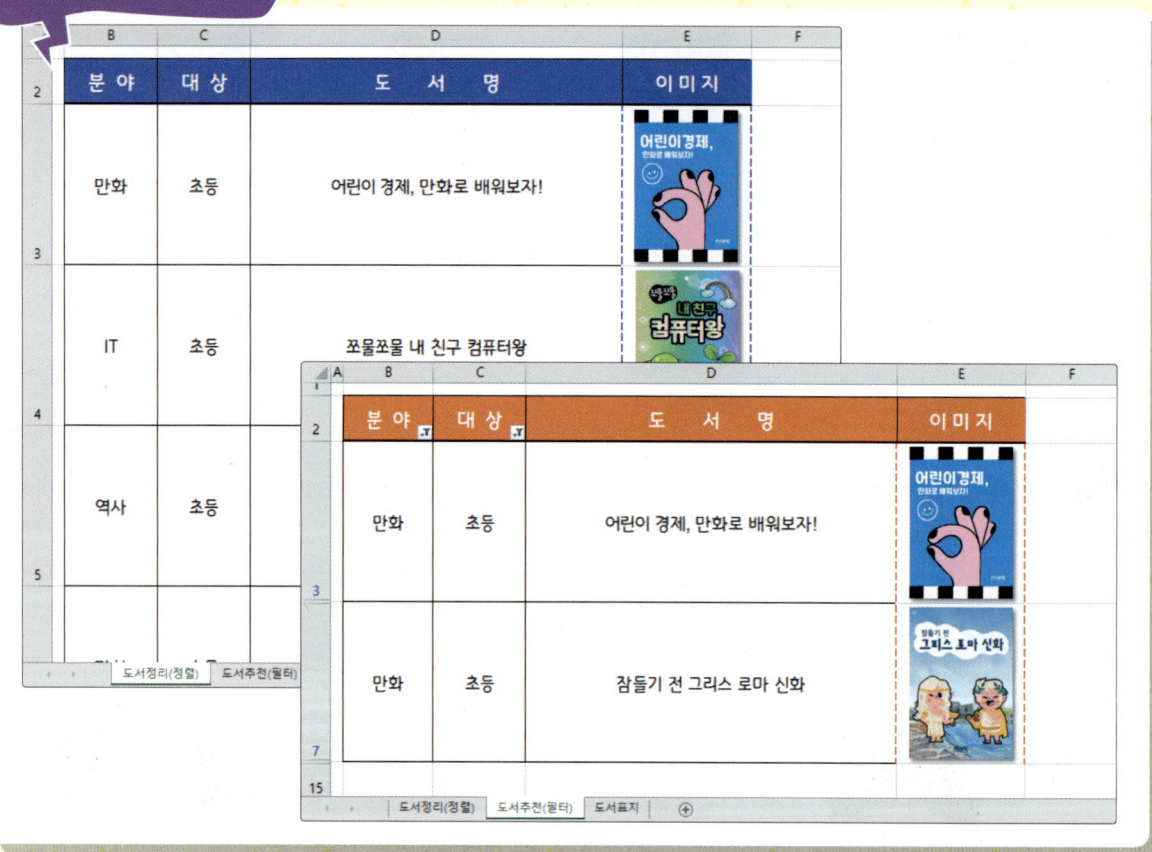

재미난 직업이야기

사서는 도서관의 자료를 수집하여 체계적으로 분류한 후 이용자들에게 제공하는 일을 해요. 또한 이용자의 불편사항을 해결하기 위한 방법을 제안하고 관련된 연구를 수행하기도 하며, 도서관에서 운영하는 각종 프로그램을 기획하기도 한답니다. 그 중 가장 기본적인 업무는 책을 대출/반납 처리하고 도서관 자료를 관리하는 일이에요. 사서가 되기 위해서는 다양한 분야의 책을 잘 알고 있는 것이 좋아요.

숫자가 나열된 규칙에 맞추어 빈 책에 들어갈 숫자를 채워주세요.

1 도서 목록을 보기 좋게 정렬해요!

① 엑셀 2016 프로그램을 실행하여 [Chapter 19_사서]-**사서.xlsx** 파일을 불러와요.

❷ **[도서정리(정렬)]** 시트를 이용하여 도서 목록을 보기 좋게 정리해보도록 할게요.

❸ **[C2]** 셀을 선택한 다음 [데이터]-[정렬 및 필터]-**[텍스트 내림차순 정렬(힉↓)]**을 클릭하여 **'대상'**을 기준으로 도서 목록을 정렬해요.

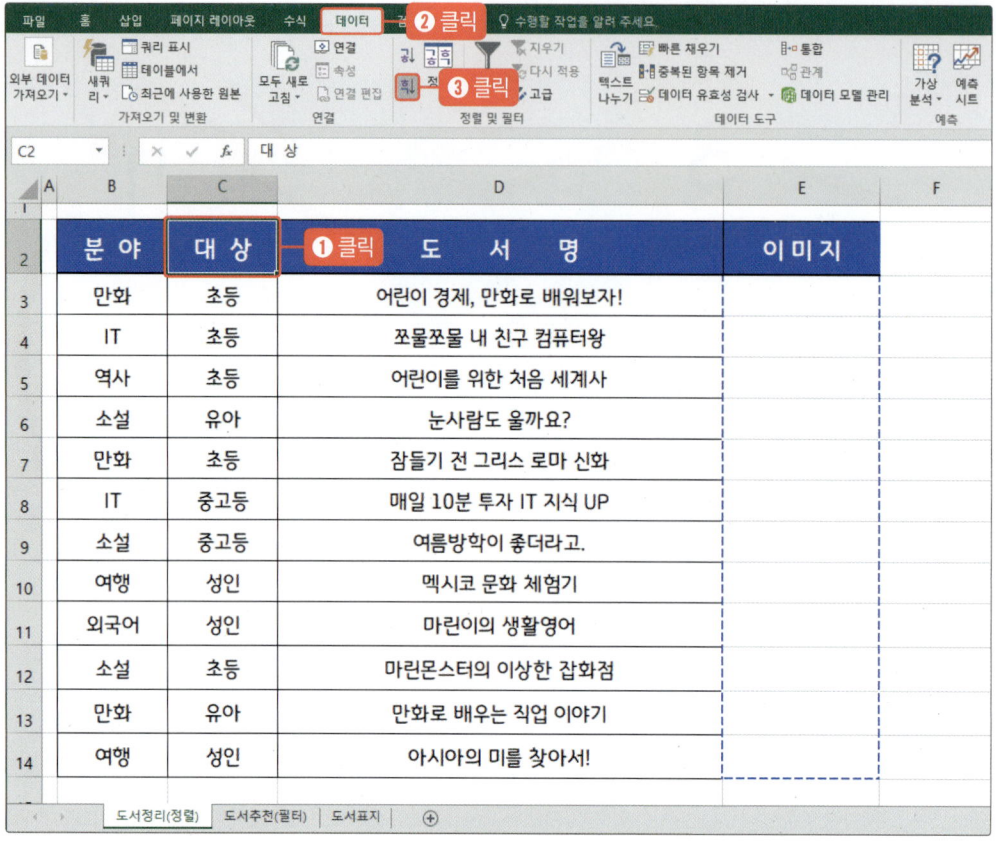

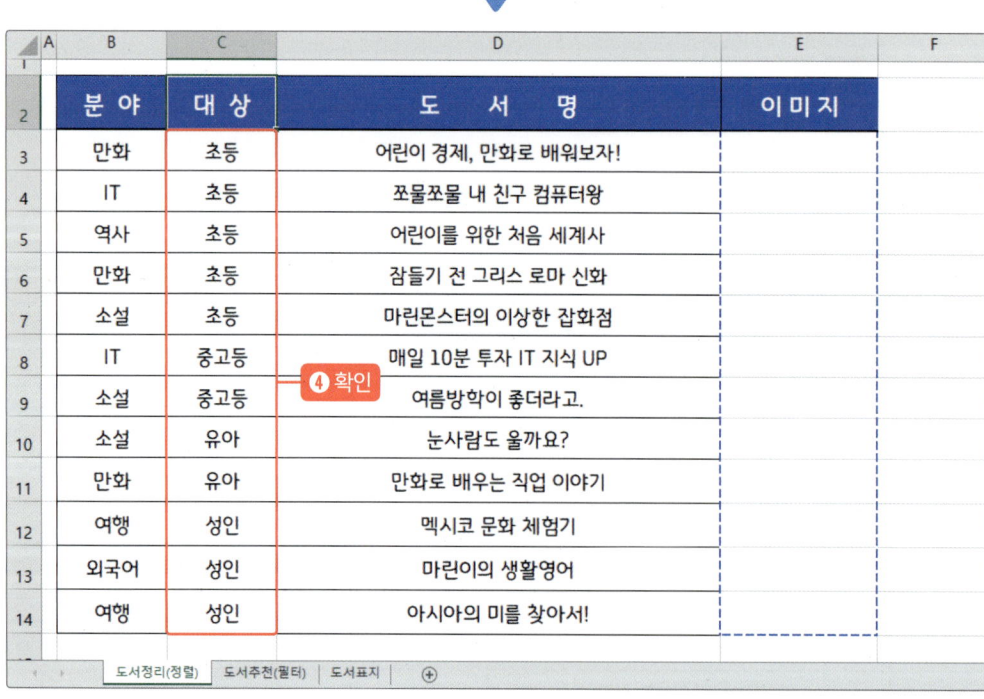

> **팁 정렬에 대해 알아보아요!**
> 각 셀에 입력된 많은 양의 데이터는 '정렬' 기능을 이용하여 보기 좋게 정리할 수 있어요.
> • 오름차순 정렬(공↓) : 〈ㄱ → ㅎ〉, 〈A → Z〉, 〈1 → 10〉 순으로 배치
> • 내림차순 정렬(흑↓) : 〈ㅎ → ㄱ〉, 〈Z → A〉, 〈10 → 1〉 순으로 배치

② 자동 필터 기능을 이용해 꼭 필요한 정보만 확인해요!

❶ **[도서추천(필터)]** 시트 탭을 선택한 다음 **[B2:C2]**를 범위로 지정해요.

❷ [데이터]-[정렬 및 필터]-[**필터(▼)**]를 클릭해요.

❸ **[C3]** 셀의 필터 목록 단추(▼)를 클릭하여 **초등**만 선택되도록 한 다음 <확인>을 클릭해요.

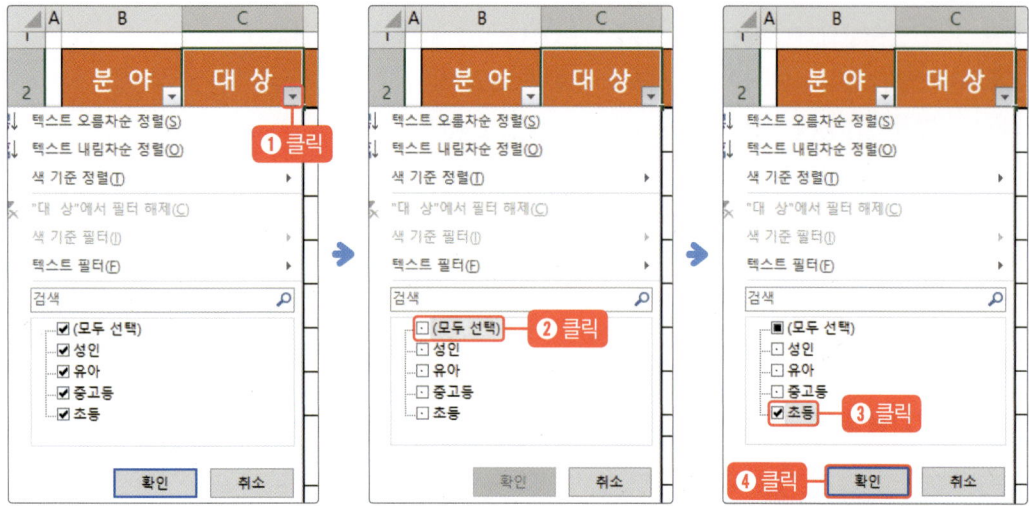

❹ 대상이 '초등' 학생인 독자에게 추천할 수 있는 책의 제목을 한눈에 확인할 수 있어요!

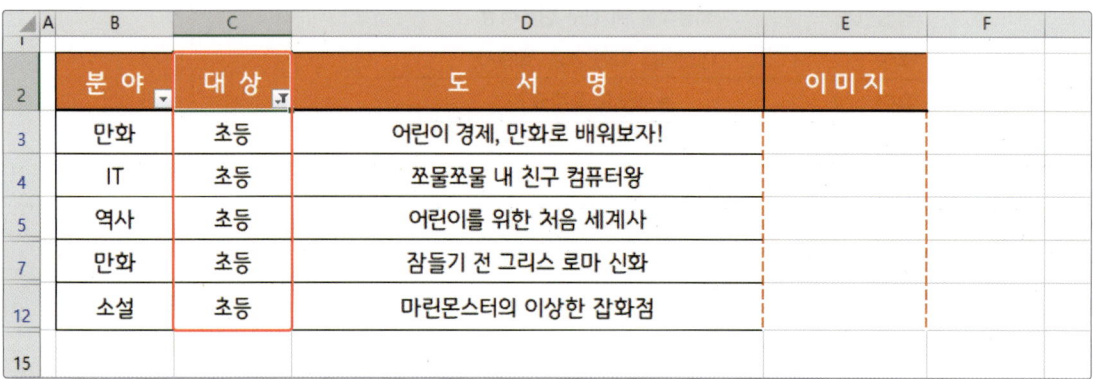

팁 필터에 대해 알아보아요!

- 필터는 여러 개의 데이터 중에서 원하는 정보만 추출할 수 있는 기능이에요.
- 필터가 지정되면 목록 단추가 ☞ 모양으로 변경되기 때문에 필터가 지정된 것을 눈으로 확인할 수 있어요.
- [데이터]-[정렬 및 필터]-[필터(▼)]를 다시 클릭하면 적용된 필터를 모두 삭제할 수 있답니다!

작품을 완성해요

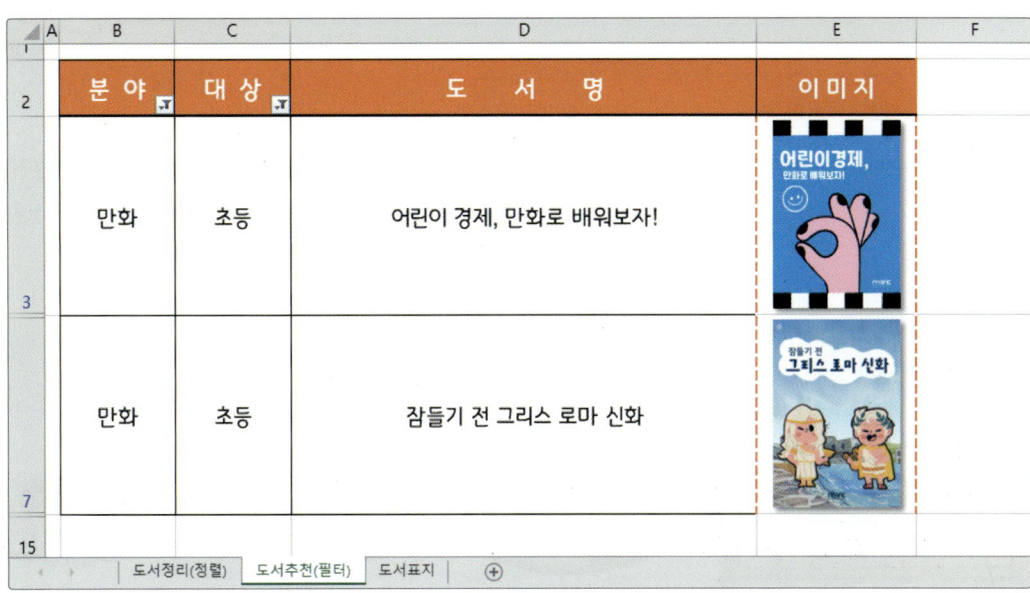

❶ 필터( ) 기능을 이용하여 분야가 '만화'인 데이터를 추출해 보세요.
❷ [도서표지] 시트의 그림을 복사하여 [도서정리(정렬)], [도서추천(필터)] 시트에 붙여 넣어요.
  표지가 들어갈 행의 높이는 '120' 정도로 변경하는 것을 추천해요!

스스로 만들어요

• **실습파일** : 사서_연습문제.xlsx   • **완성파일** : 사서_연습문제(완성).xlsx

❶ 정가를 기준으로 오름차순 정렬하여 낮은 금액부터 도서 목록이 보이도록 해요.
❷ 필터( ) 기능을 이용하여 이벤트가 '사은품제공'인 도서만 추출해요.
❸ 필터( ) 기능을 이용하여 대상이 '중고등'인 도서만 추출해요.
❹ [도서표지] 시트의 그림을 복사하여 붙여 넣어요. 표지가 들어갈 행의 높이는 '120' 정도로 변경해요.

20 요리사의 추천 코스 메뉴

배 우 는 기 능

★ 표시 형식을 지정하여 숫자 뒤에 '원'을 입력할 수 있어요.
★ 표시 형식을 지정하여 숫자 뒤에 '분 이내 제공'을 입력할 수 있어요.

▶ 실습파일 : 요리사.xlsx   ▶ 완성파일 : 요리사(완성).xlsx

완성 작품 미리보기

재미난 직업이야기

요리사는 준비한 재료에 여러 가지 방법을 가해서 음식을 만드는 일을 해요. 주문서나 식단 계획표에 따라 재료를 준비하고, 식료품의 상태를 검사하고 관리하는 일도 중요하지요. 특히 음식의 맛과 영양상태뿐만 아니라, 각종 조리 기구를 사용하여 알맞게 음식을 조리하는 것도 고려해야 합니다. 무엇보다 가장 중요한 것은 "위생"이랍니다.

요리가 완성되는 규칙을 찾아보고 빈 칸에 알맞은 스티커 를 붙여보세요.

1 요리를 각 셀에 배치해요!

① 엑셀 2016 프로그램을 실행하여 [Chapter 20_요리사]-**요리사.xlsx** 파일을 불러와요.

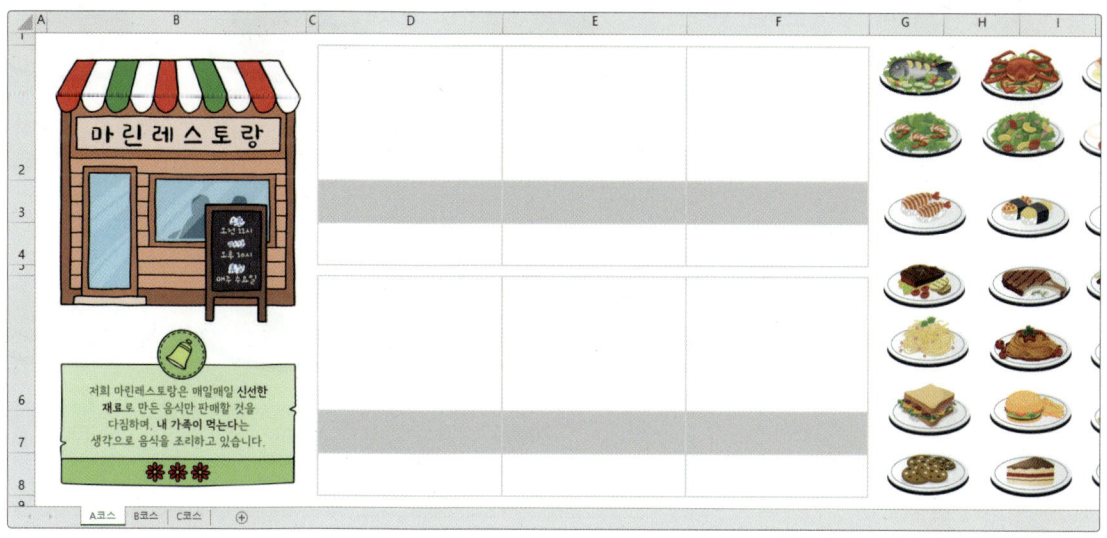

❷ 다음은 마린레스토랑 코스 요리에 대한 설명이에요.

A코스	육류를 좋아하는 손님에게 추천합니다.
B코스	해산물을 좋아하는 손님에게 추천합니다.
C코스	어린이 생일 파티에 추천합니다.

❸ 먼저 [A코스] 시트의 그림을 이용하여 육류를 좋아하는 손님에게 추천할 요리를 자유롭게 배치하고, **음식의 금액**도 적어보세요.

❹ 이번에는 각 메뉴의 **예상 조리 시간**을 적어볼게요. 분 단위로 숫자만 입력해 주세요!

② 표시 형식을 지정하여 '원'을 표시해요!

① [D3:F3]을 선택한 다음 Ctrl을 누른 채 [D7:F7]을 드래그하여 범위로 지정해요.

② 마우스 오른쪽 버튼을 눌러 **[셀 서식]**을 선택하세요.

③ [표시 형식]-[사용자 지정]에서 아래와 같이 지정한 다음 <확인>을 클릭해요.

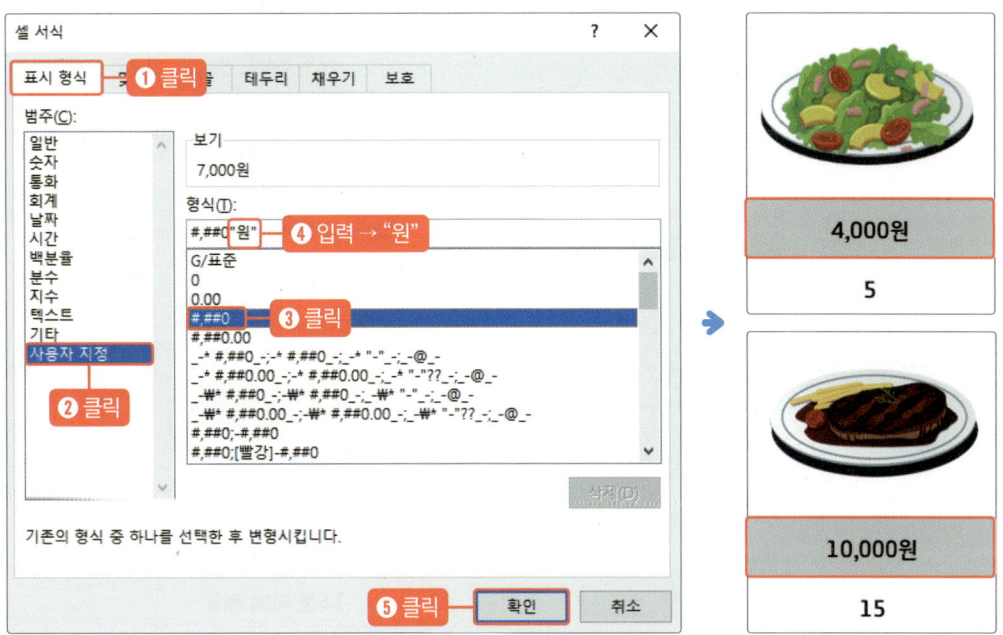

20 요리사의 추천 코스 메뉴 115

표시 형식을 지정하여 '분 이내'를 표시해요!

① [D4:F4], [D8:F8]을 범위로 지정한 다음 [셀 서식]을 선택하세요.

② [표시 형식]-[사용자 지정]에서 아래와 같이 지정한 다음 <확인>을 클릭해요.

작품을 완성해요

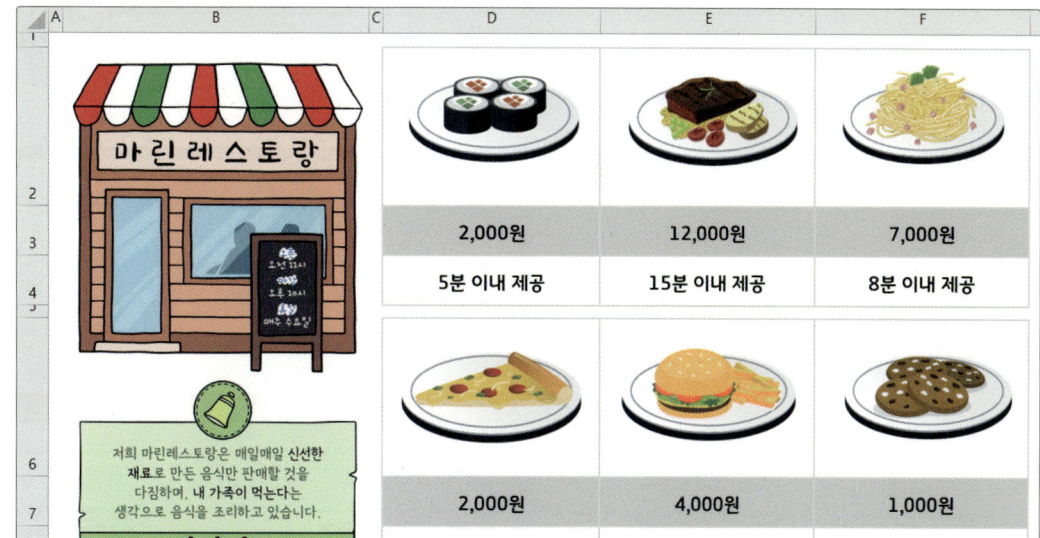

① 114 페이지 2번의 표 내용을 참고하여 [B코스], [C코스]의 메뉴를 완성해 보세요.

스스로 만들어요

• **실습파일** : 요리사_연습문제.xlsx • **완성파일** : 요리사_연습문제(완성).xlsx

① [D3:D15] : [표시 형식]-[사용자 지정]에서 "@"를 이용하여 문자 뒤에 "보관"을 지정해요.
② [E3:E15] : [표시 형식]-[사용자 지정]에서 "G/표준"을 이용하여 숫자 뒤에 단위를 지정해요.
  • 가공식품, 과일 – 봉지 • 육류 – kg • 채소 – 박스 • 해산물 – 팩

21 빠르고 정확한 계산, 은행원

배우는 기능

★ 계산식을 이용하여 통장에 남은금액을 계산할 수 있어요.
★ 완성된 파일에 비밀번호를 지정하여 저장할 수 있어요.

▶ **실습파일** : 은행원.xlsx   ▶ **완성파일** : 은행원(완성).xlsx

완성 작품 미리보기

거래일	거래내용	찾은금액	맡긴금액	남은금액
1월 1일	새해 맞이 용돈		10,000원	10,000원
2월 5일	떡볶이 사먹기	1,500원		8,500원
3월 20일	민수 생일 선물 구입	3,000원		5,500원
5월 5일	어린이날 용돈		20,000원	25,500원
5월 8일	부모님 선물 구입	8,000원		17,500원
6월 22일	친구와 다이소 쇼핑	2,500원		15,000원
9월 25일	할머니께 받은 용돈		15,000원	30,000원
10월 11일	공책 3권 구입	3,000원		27,000원

재미난 직업이야기

은행원은 고객이 맡긴 돈을 관리하고, 새로운 상품을 안내해요. 또한 집을 구입하기 위해 큰 돈이 필요하지만 자산이 부족한 고객을 위해 안전한 방법으로 대출을 할 수 있도록 도와주고, 개인과 기업의 적금도 관리해줘요. 은행원이 되기 위해서는 수학에 관심을 가지고 열심히 공부하는 것이 바람직해요. 또한 고객 정보에 대한 비밀유지는 은행원에게 가장 중요한 덕목이 될 수 있겠네요.

창의 놀이터

12개의 동전 스티커 를 붙여 최대한 많은 간식을 구매해 볼까요?

- 1100원
- 1600원
- 1300원

1 통장 거래 내용을 입력해요!

① 엑셀 2016 프로그램을 실행하여 [Chapter 21_은행원]-**은행원.xlsx** 파일을 불러와요.

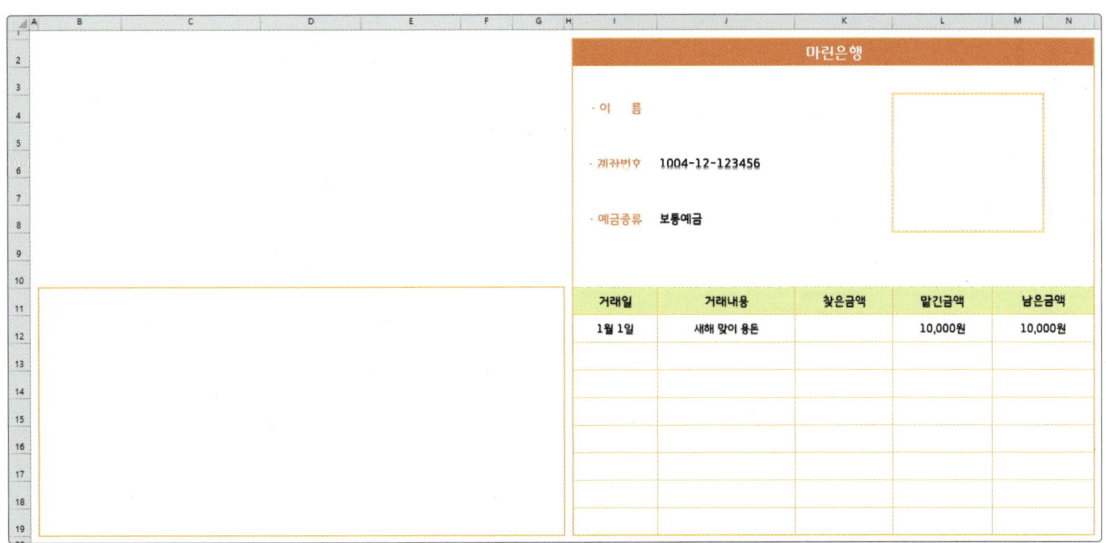

❷ 거래일, 거래내용, 찾은금액 또는 맡긴금액을 자유롭게 입력해 보세요.

❸ 금액을 입력할 때는 3000 5000 형식으로 간단하게 입력하고, 남은 금액은 비워두세요!

거래일	거래내용	찾은금액	맡긴금액
1월 1일	새해 맞이 용돈		10000
2월 5일	떡볶이 사먹기	1500	
3월 20일	민수 생일 선물 구입	3000	
5월 5일	어린이날 용돈		20000
5월 8일	부모님 선물 구입	8000	
6월 22일	친구와 다이소 쇼핑	2500	
9월 25일	할머니께 받은 용돈		
10월 11일	공책 3권 구입		

▲ 입력 형식

거래일	거래내용	찾은금액	맡긴금액	남은금액
1월 1일	새해 맞이 용돈		10,000원	10,000원
2월 5일	떡볶이 사먹기	1,500원		
3월 20일	민수 생일 선물 구입	3,000원		
5월 5일	어린이날 용돈		20,000원	
5월 8일	부모님 선물 구입	8,000원		
6월 22일	친구와 다이소 쇼핑	2,500원		
9월 25일	할머니께 받은 용돈		15,000원	
10월 11일	공책 3권 구입	3,000원		

팁 셀에 '원'이 자동으로 입력돼요!

이전 시간에 배웠던 <사용자 지정 표시 형식> 기능을 이용하여 금액이 입력될 셀에 미리 서식을 지정해 놓았기 때문에 찾은금액, 맡긴금액을 입력할 때는 숫자만 입력해도 된답니다.

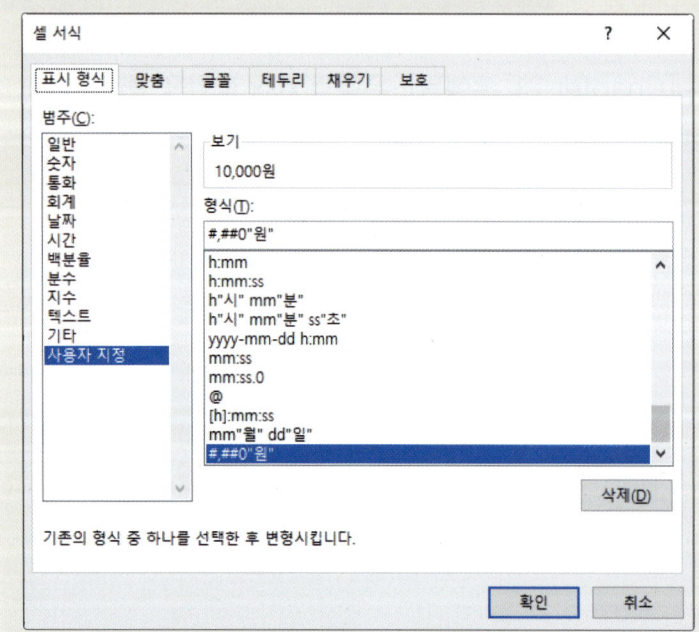

② 계산식을 이용하여 남은금액을 구해요!

❶ 병합된 [M12:N12] 셀에는 현재 남은 금액 10,000원이 입력되어 있어요.

❷ 자, 그럼 아래 그림을 참고하여 남은금액을 계산해 보도록 해요.

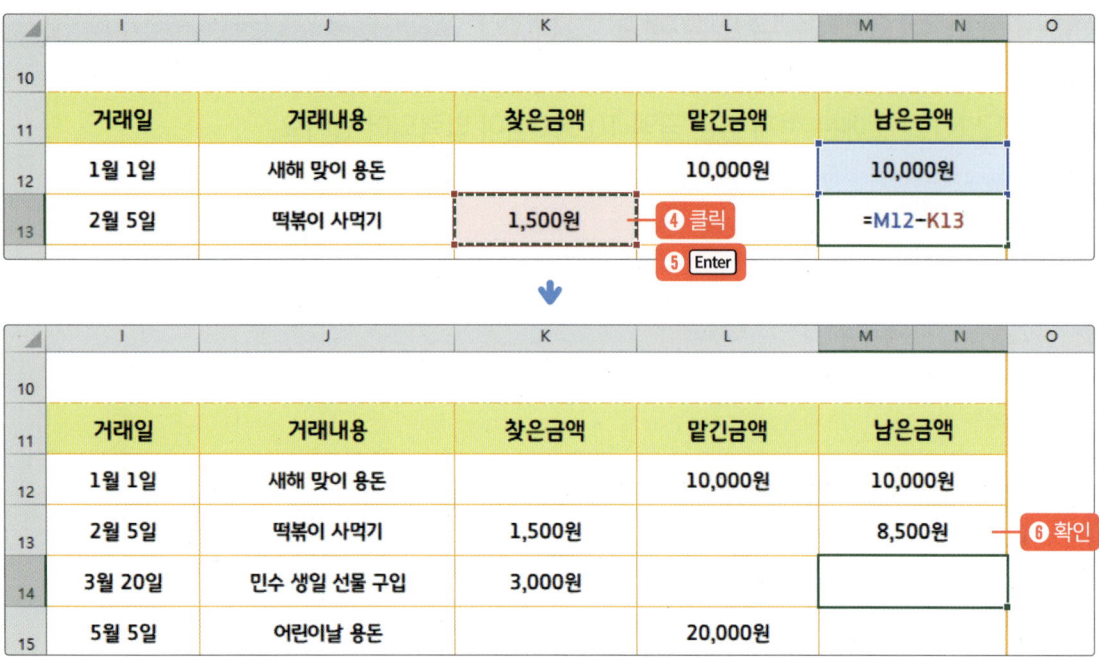

❸ 동일한 방법으로 남은금액을 계산해 보세요. **찾은금액을 계산할 때는 −(뺄셈)을, 맡긴금액을 계산할 때는 +(덧셈)**을 이용하면 돼요!

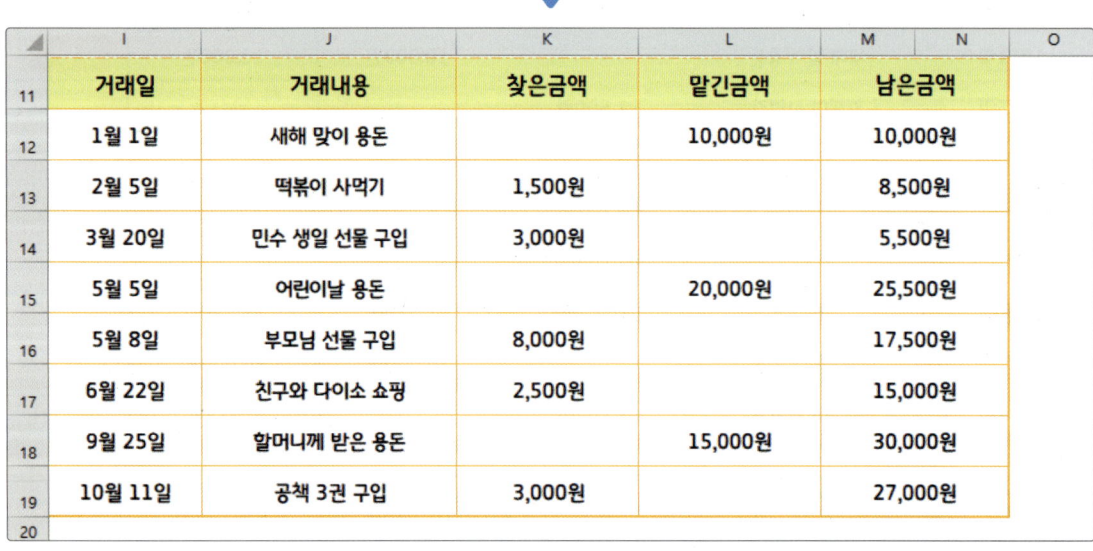

 작품을 완성해요

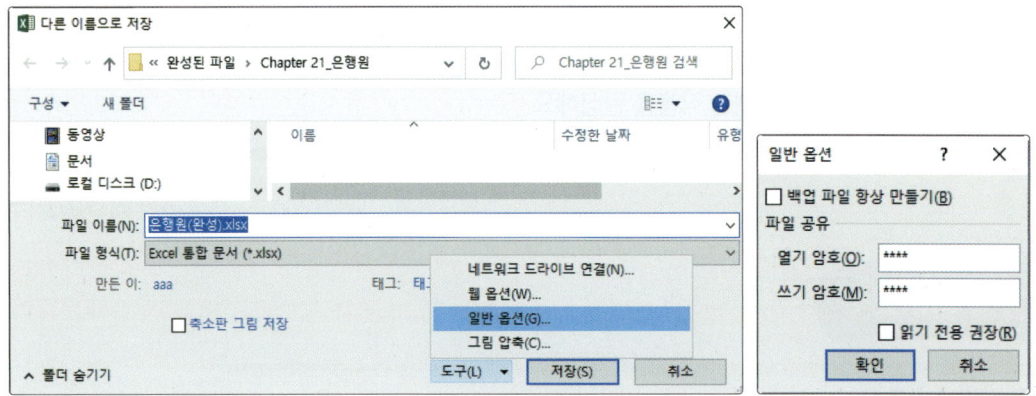

① [J4] 셀에 이름을 입력하고, [Chapter 21_은행원] 폴더에서 '표지'와 '도장' 그림을 넣어 시트를 완성해 보세요.

 그림을 넣는 경로를 알아보아요!
[삽입]-[일러스트레이션]-[그림(🖼)]을 클릭하여 작업할 수 있어요.

② [파일]-[다른 이름으로 저장]-[찾아보기]를 클릭하여 '도구'-[일반 옵션]에서 파일의 암호를 입력하면 나만의 비밀 파일을 만들 수 있답니다! 책에서는 비밀번호를 1004로 지정했어요.

 **스스로 만들어요**

• **실습파일** : 은행원_연습문제.xlsx   • **완성파일** : 은행원_연습문제(완성).xlsx

	B	C	D	E	F	G	H	I	J	K	L	M
1												
2	8	12	20	1	9	4	15		1번	2		
3	2	4	7	16	6	18	10		2번	6		
4	8	10	5	11	2	9	7		3번			
5	6	3	19	21	17	14	3		4번			
6	9	5	13	2	8	11	1		5번			

① 아래 힌트를 이용하여 1번과 2번 문제를 계산해 보세요.
  • 1번 : [K2] 셀 클릭 → =D2-G3 입력 → Enter
  • 2번 : [K3] 셀 클릭 → =B3*H5 입력 → Enter (*는 곱셈을 계산하는 기호입니다.)
② 나머지 문제를 계산해 보세요.
  • 3번 : [E4]-[C4]   • 4번 : [F3]+[G2]   • 5번 : [C6]*[D2]

22 마술사는 어떻게 그림을 그릴까?

배우는 기능

★ 조건부 서식 기능을 이용하여 셀에 색을 채워요.
★ 조건부 서식 기능을 이용하여 멋진 작품을 완성해요.

▶ 실습파일 : 마술사.xlsx   ▶ 완성파일 : 마술사(완성).xlsx

완성 작품 미리보기

재미난 직업이야기

마술사는 많은 사람들 앞에서 본인이 연습한 마술을 완벽하게 보여주어 사람들의 마음을 사로잡아야 하는 직업이에요. 관객은 마술사가 진행하는 공연을 보면서 환상의 세계에 빠지는 즐거움을 느끼게 됩니다. 마술은 화려한 기술과 다른 사람을 속일 수 있는 민첩한 손놀림이 충분히 뒷받침 되어야 하니 마술과 관련된 책을 자주 접하면서 연습을 하면 조금씩 마술 실력이 향상될 거예요.

미로를 따라서 마술 아이템을 착용한 동물 스티커 를 붙여주세요.

1 조건부 서식을 이용해 숨어 있는 그림을 확인해요!

❶ 엑셀 2016 프로그램을 실행하여 [Chapter 22_마술사]-**마술사.xlsx** 파일을 불러와요.

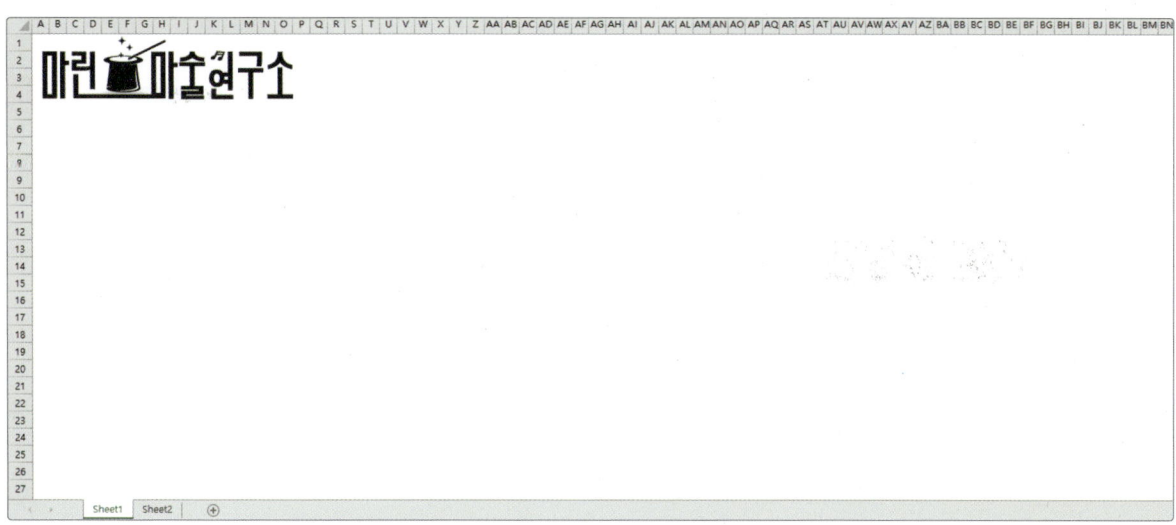

❷ 이번에는 각 시트에는 숨어있는 그림을 조건부 서식 기능을 이용하여 나타나게 만들어 볼게요.

❸ [Sheet1]에서 행 머리글과 열 머리글이 만나는 위치의 아이콘(◢)을 클릭하여 모든 셀을 선택해요.

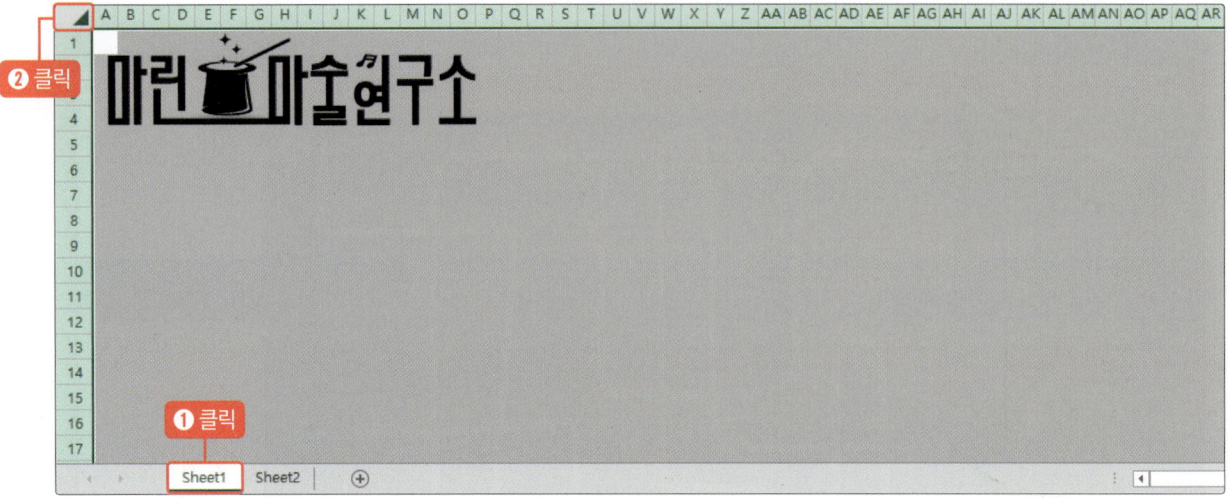

❹ [홈]-[스타일]-[조건부 서식( )] → [새 규칙]을 클릭해요.

❺ 아래 그림과 같이 규칙 유형을 선택하고, 규칙 설명을 지정해보세요. 반드시 **글꼴 색과 채우기 색상**을 똑같이 맞춰주세요.

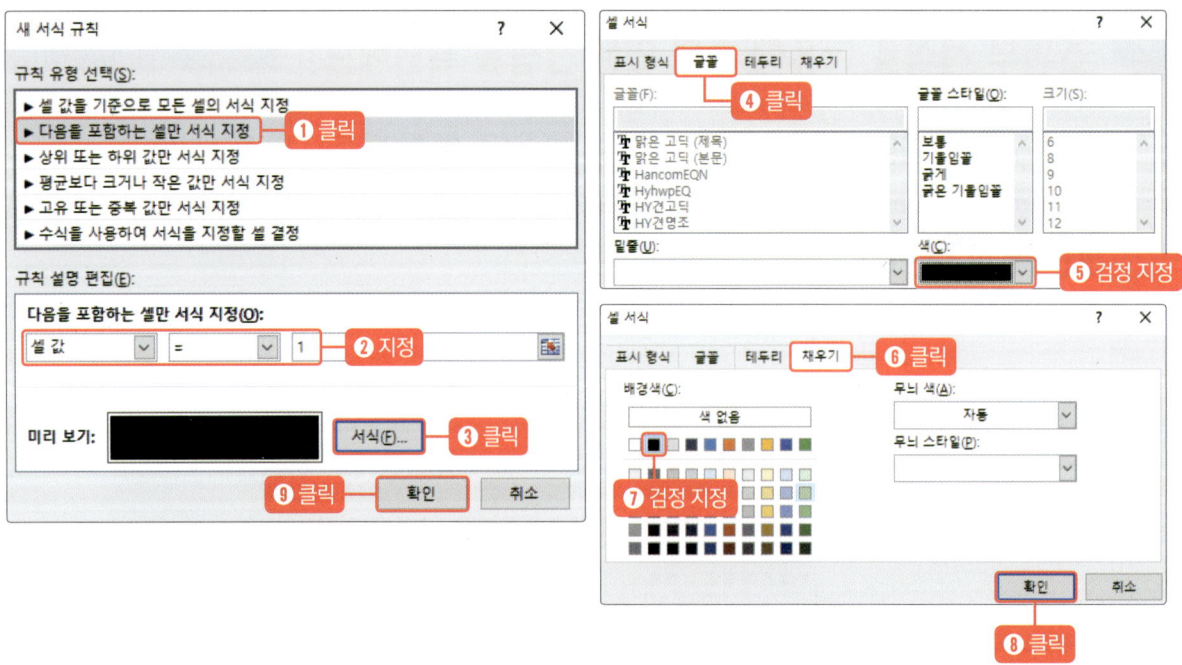

❻ 짠! 숨어있던 그림은 고래였어요.

2 조건부 서식을 이용해 그림을 예쁘게 색칠해요!

❶ [조건부 서식] → [새 규칙]을 선택한 다음 규칙 유형과 규칙 설명을 지정해 보세요. **글꼴 색과 채우기 색상**을 똑같이 맞추는 것 잊지 마세요!

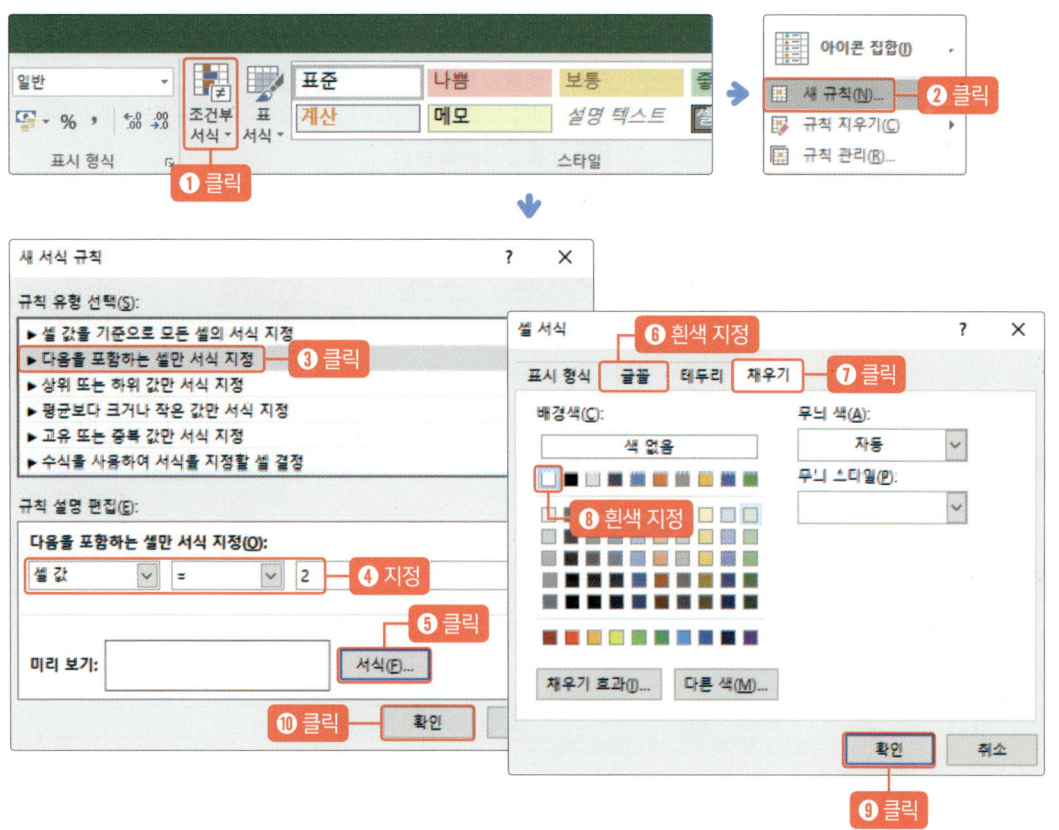

흰색을 채웠지만 변화가 없어요!

숫자 1이 입력된 셀에는 검정, 숫자 2가 입력된 셀에는 흰색을 채우는 작업을 했지만, 왜 2가 입력된 셀에는 아무런 변화가 없을까요? 그 이유는 워크시트의 배경이 흰색이기 때문에 보이지 않는 거예요. 3, 4, 5 숫자가 입력된 셀에도 색을 채워서 귀여운 고래를 완성해 보세요.

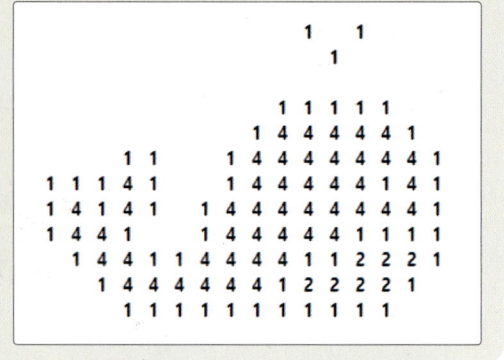

❷ [조건부 서식(📋)] → **[새 규칙]**을 선택한 다음 규칙 유형과 규칙 설명을 지정해 보세요.

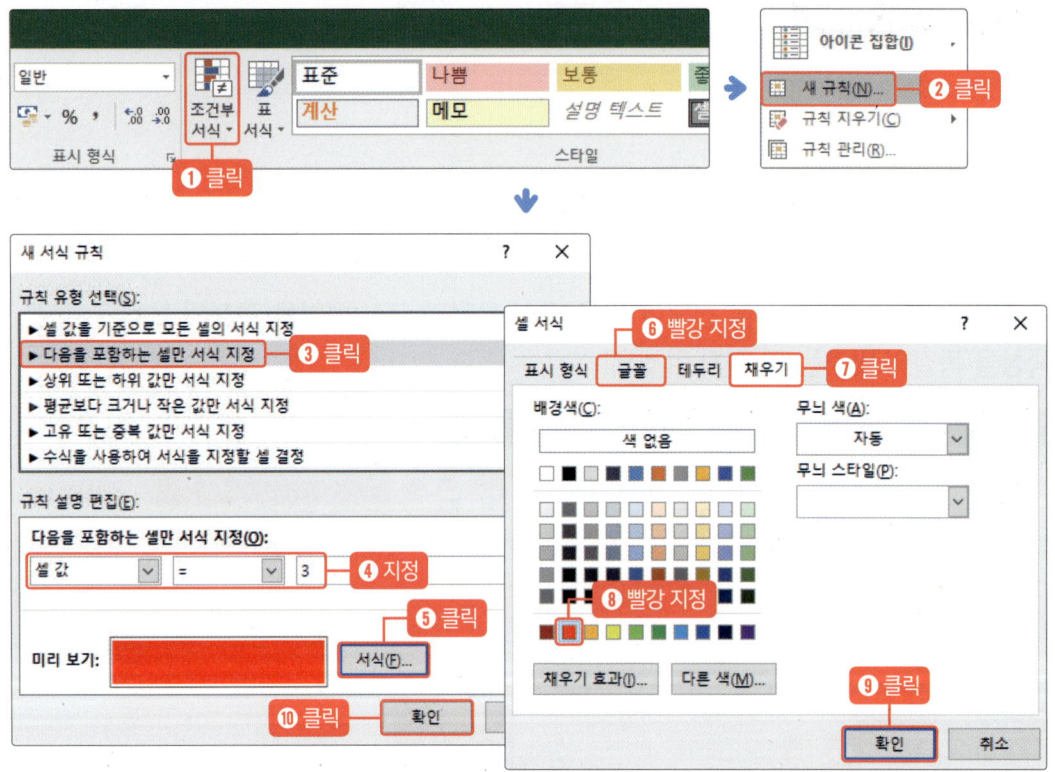

❸ 하트에 빨간 색이 채워진 것을 확인했나요? 이번에는 숫자 4와 5에 해당하는 조건부 서식을 만들어 고래의 색상을 자유롭게 채워보세요.

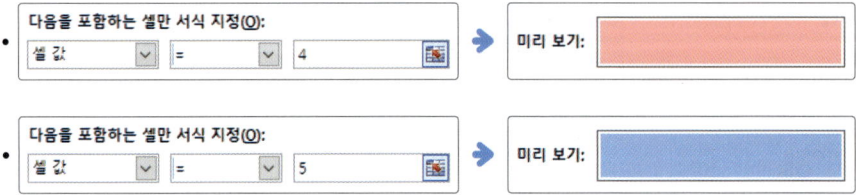

 **작품을 완성해요**

① [Sheet2]를 클릭한 다음 아래 숫자와 색상 조건에 맞추어 조건부 서식을 지정해요.
- 1 : 검정
- 2 : 흰색
- 3 : 연한 녹색
- 4 : 연한 핑크색
- 5 : 진한 녹색
- 6 : 갈색

 **스스로 만들어요** • 실습파일 : 마술사_연습문제.xlsx • 완성파일 : 마술사_연습문제(완성).xlsx

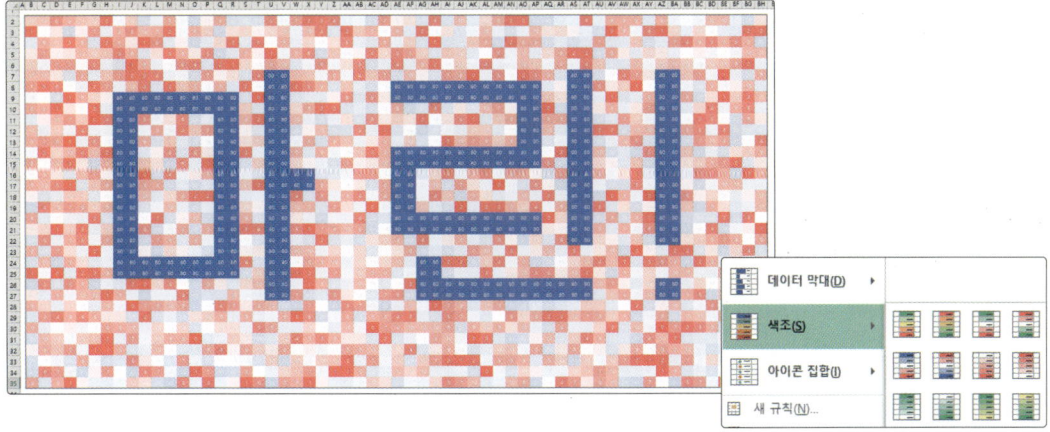

① ◢을 클릭하여 모든 셀을 선택한 다음 원하는 색의 [색조] 조건부 서식을 지정해요. [색조] 조건부 서식이 지정되면 각 셀에 입력된 숫자 크기에 따라 연한 색 또는 진한 색이 채워질 거예요.

② 조건부 서식이 적용된 셀에 큰 숫자(예 : 80)를 입력하여 글자를 적어보거나, 그림을 그려보세요!

23 운동선수 관련 상식 퀴즈!

배우는 기능

★ 셀에 다양한 무늬를 채울 수 있어요.
★ 숨겨진 셀을 나타나게 하고, 다시 숨길 수도 있어요.

▶ 실습파일 : 운동선수.xlsx　　▶ 완성파일 : 운동선수(완성).xlsx

완성 작품 미리보기

번호	문제
1	대한민국을 대표하는 스포츠 선수, 김연아의 경기 종목은 무엇일까요?
	▶ 힌트 : '김연아'를 검색해보면 쉽게 답을 찾을 수 있어요. 정답은 여섯 글자예요!
2	<야구공>, <농구공>, <축구공> 중 공의 크기가 작은 순서대로 나열해 볼까요?
	▶ 힌트 : 그림을 참고해서 맞춰보세요!
3	타원형 모양의 공으로 즐기는 스포츠 종목은 무엇일까요?
	▶ 힌트 : '타원형 공'을 검색해보세요! 정답은 두 글자랍니다.
4	철망으로 된 마스크를 쓰고 검을 이용하여 상대방을 찌르는 방식으로 점수를 획득하는 스포츠 종목은 무엇일까요?
	▶ 힌트 : 드라마 <스물다섯 스물하나>의 여주인공은 이 스포츠 종목의 선수로 등장하지요.

재미난 직업이야기

특정 운동에 발달된 뛰어난 신체능력을 바탕으로 규칙과 기술을 익혀 경기에 참가하는 사람을 운동선수라고 해요. 축구, 골프, 배구, 야구, 양궁, 수영, 핸드볼 등 다양한 운동 종목의 선수가 있으며 우리나라를 빛내는 주요 인물이기도 하답니다. 운동선수는 대부분 어릴 때 시작하는 경우가 많다고 하니 너무 늦지 않게 도전해보는 것도 좋겠네요.

에도쿠 게임 규칙을 읽어보고 표 안에 들어갈 알맞은 스티커 를 찾아 붙여주세요.

첫째,
표의 가로 줄에 똑같은 그림을 배치하지 않아요.

둘째,
표의 세로 줄에 똑같은 그림을 배치하지 않아요.

셋째,
빈 칸에 들어갈 운동 종목 스티커를 찾아 붙여주세요.

1 셀에 무늬를 채워요!

① 엑셀 2016 프로그램을 실행하여 [Chapter 23_운동선수]-**운동선수.xlsx** 파일을 불러와요.

번호	문제	정답
1	대한민국을 대표하는 스포츠 선수, 김연아의 경기 종목은 무엇일까요?	
2	<야구공>, <농구공>, <축구공> 중 공의 크기가 작은 순서대로 나열해 볼까요?	
3	타원형 모양의 공으로 즐기는 스포츠 종목은 무엇일까요?	
4	철망으로 된 마스크를 쓰고 검을 이용하여 상대방을 찌르는 방식으로 점수를 획득하는 스포츠 종목은 무엇일까요?	

❷ **[B2:D2]**를 범위로 지정한 다음 마우스 오른쪽 버튼을 눌러 **[셀 서식]**을 클릭해요.

❸ **[채우기]**에서 **무늬 색**과 **무늬 스타일**을 선택한 다음 <확인>을 클릭해요.

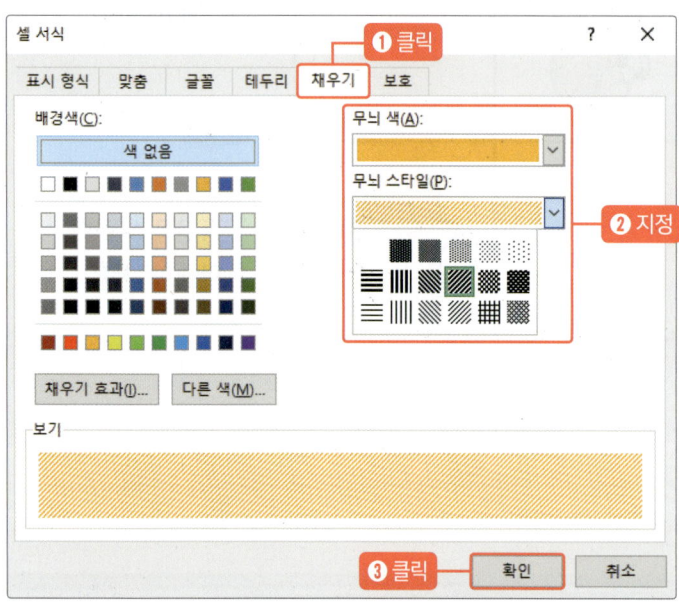

❹ 동일한 방법으로 **문제 번호**가 입력된 셀에 각각 무늬를 채워 보세요.

2 숨겨진 셀을 확인해요!

❶ 이 파일에는 퀴즈를 풀기 위한 힌트가 숨어있어요. 자, 3행을 살펴보면 다음 행에는 4행이 아닌 5행이 있다는 것을 알 수 있지요.

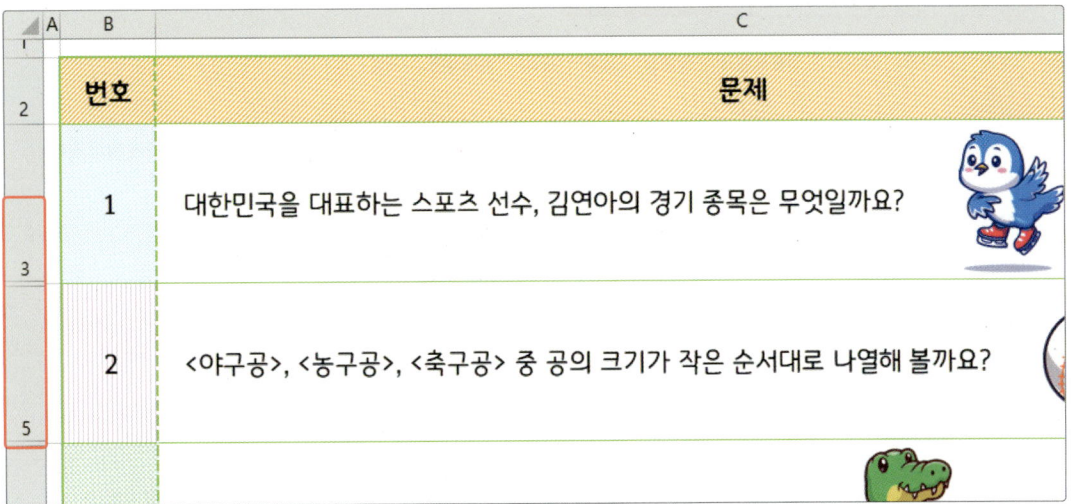

❷ 숨겨진 힌트를 확인하기 위해 **3~23행 머리글**을 드래그한 다음 마우스 오른쪽 버튼을 눌러 **[숨기기 취소]**를 클릭해요.

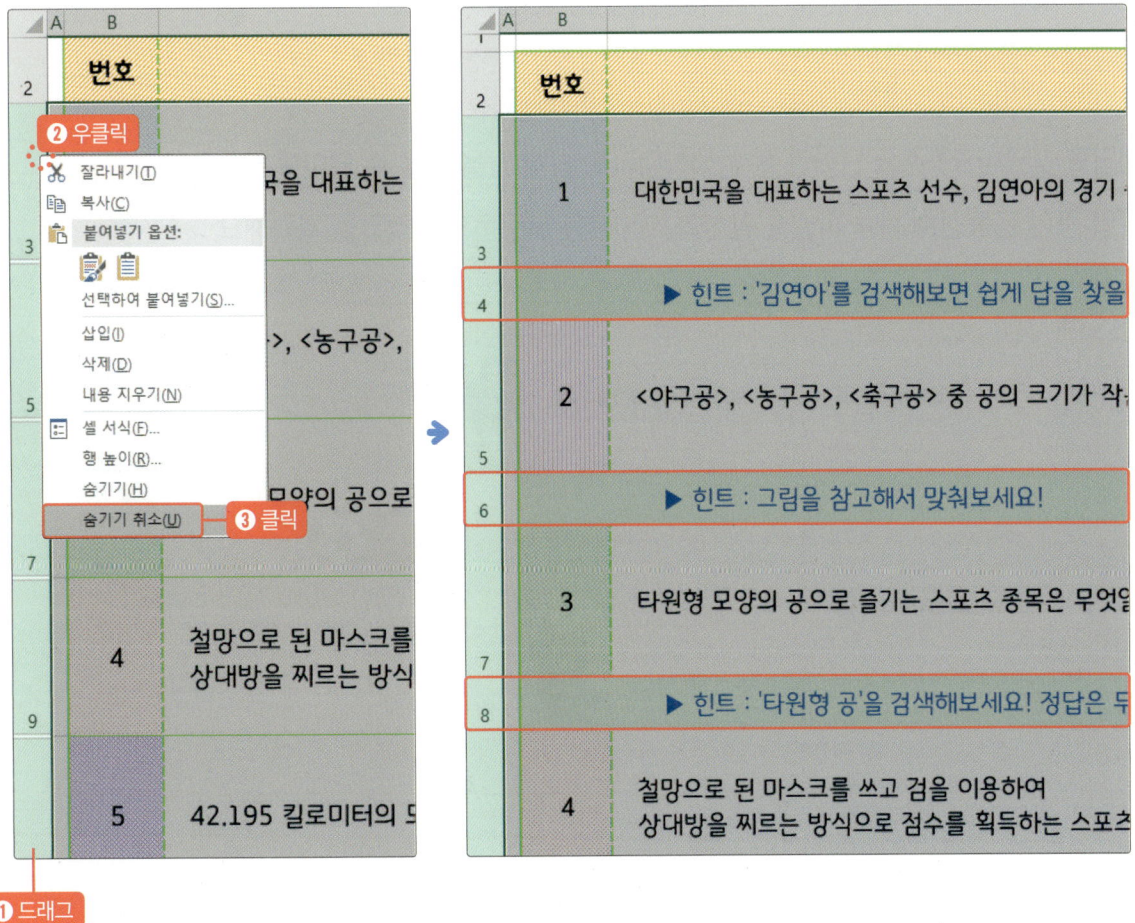

23 운동선수 관련 상식 퀴즈!

인터넷을 활용하여 퀴즈의 정답을 찾아보세요!

❶ 3번 문제의 정답을 찾기 위해 인터넷을 실행한 다음 **타원형 모양의 공 스포츠**를 검색해요.

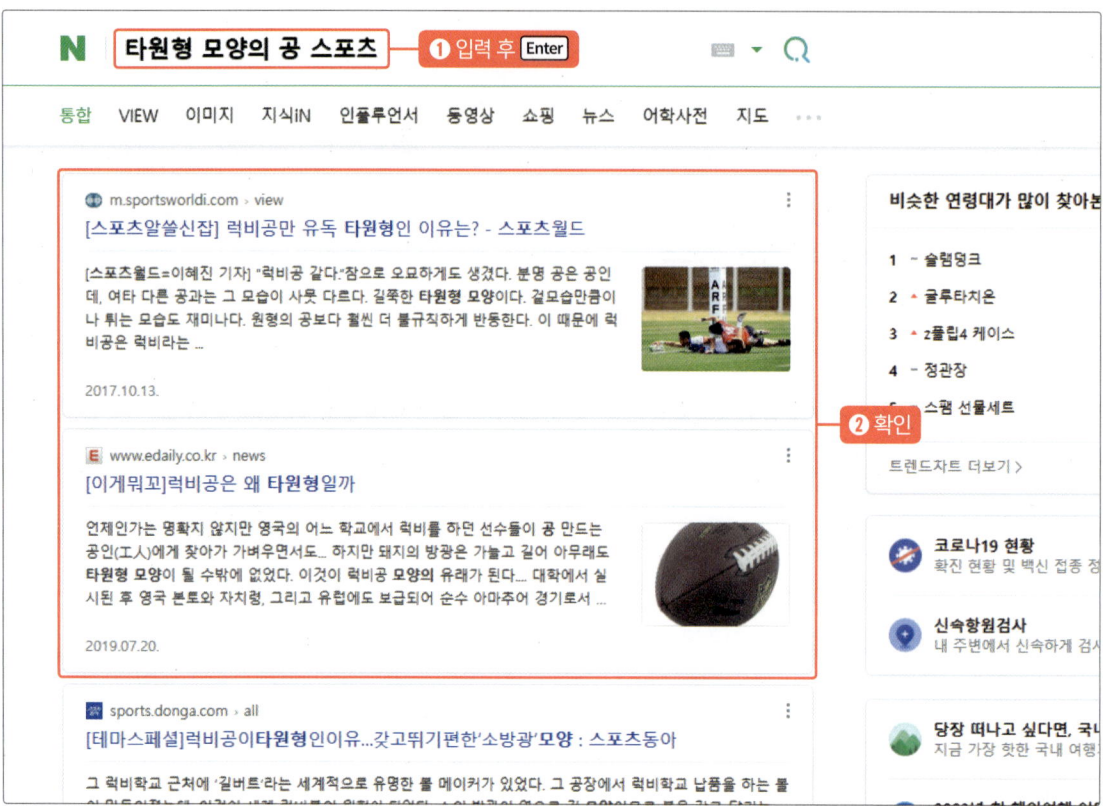

❷ 정답을 찾았나요? 주요 단어만 잘 검색하더라도 쉽게 답을 찾을 수 있어요.

❸ 작업 중인 **운동선수.xlsx** 파일을 활성화시킨 다음 3번 문제의 정답을 입력해요.

작품을 완성해요

① 인터넷 검색을 통해 모든 문제의 정답을 채워보세요.
② D열 위에서 마우스 오른쪽 버튼을 누른 후 [숨기기]를 클릭하여 정답이 입력된 열을 숨겨보세요.

스스로 만들어요

• **실습파일** : 운동선수_연습문제.xlsx   • **완성파일** : 운동선수_연습문제(완성).xlsx

① 2~24행 머리글을 드래그하여 [숨기기 취소]를 클릭해요.
② 사다리가 표시되면 선을 따라서 이동한 다음 알맞은 위치에 운동 종목의 이름을 적어보세요.
③ 워크시트의 확대 비율을 줄이면 사다리를 한눈에 확인하기 쉬워요.

24 이만큼 배웠어요

퀴즈를 풀어보면서 지금까지 배운 내용을 정리해요.

1 엑셀 프로그램에 대한 설명으로 옳지 않은 것은 무엇일까요?

① 셀에 색상과 무늬를 채울 수 있어요.

② 셀에 입력된 숫자를 서로 더할 수 있어요.

③ 자동 채우기 기능으로 빠르게 숫자를 입력할 수 있어요.

④ 문서에 암호는 지정할 수 없어요.

2 아래 그림과 같이 특정 데이터만 추출하기 위해 사용하는 기능은 무엇일까요?

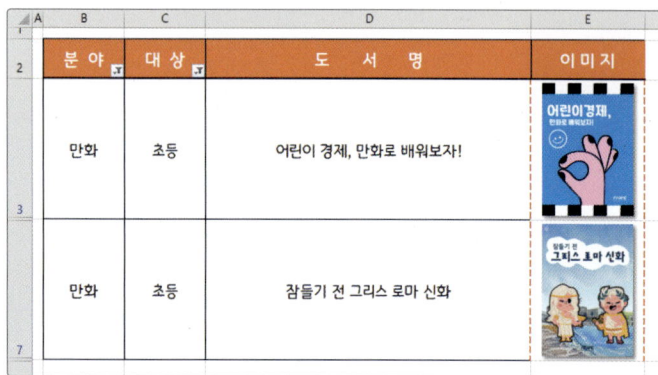

① 가상 분석

② 자동 필터

③ 정렬

④ 인쇄 영역

3 셀에 입력된 숫자에 '천 단위 구분 기호'와 '원'을 표시하기 위해 사용하는 기능은 무엇일까요?
(예 : 3000 → 3,500원)

① 사용자 지정 표시 형식   ② 서식 복사   ③ 그림으로 복사   ④ 잘라내기

4 자신의 끼와 재능을 보여주며 시청자들에게 즐거움을 선사하는 직업은 무엇일까요?

5 봄, 여름, 가을, 겨울 계절이 시작되기 전부터 패션 흐름을 분석하여 계절에 알맞은 상품을 기획하고 만드는 직업은 무엇일까요?

학생	선생님	부모님

아래 작업 순서를 참고하여 워크시트를 완성해요.

• **실습파일** : 24_연습문제.xlsx   • **완성파일** : 24_연습문제(완성).xlsx

작업 순서

① 삽입된 그림의 배경을 투명하게 변경해요.
  ▷ 그림 투명하게 지정 : [서식]-[조정]-[색()] → [투명한 색 설정]

② 조건부 서식을 지정하여 픽셀 아트를 확인해요.
  ▷ 조건부 서식 : [조건부 서식()] → [새 규칙] → 다음을 포함하는 셀만 서식 지정
   • 1 : 진한 회색   • 2 : 갈색   • 3 : 초록색   • 4 : 살구색
   • 5 : 파랑   • 6 : 흰색   • 7 : 연한 회색 • 8 : 검정

③ 완성된 픽셀아트에서 공이 필요 없는 종목을 찾아 아래 빈 칸에 적어보세요.

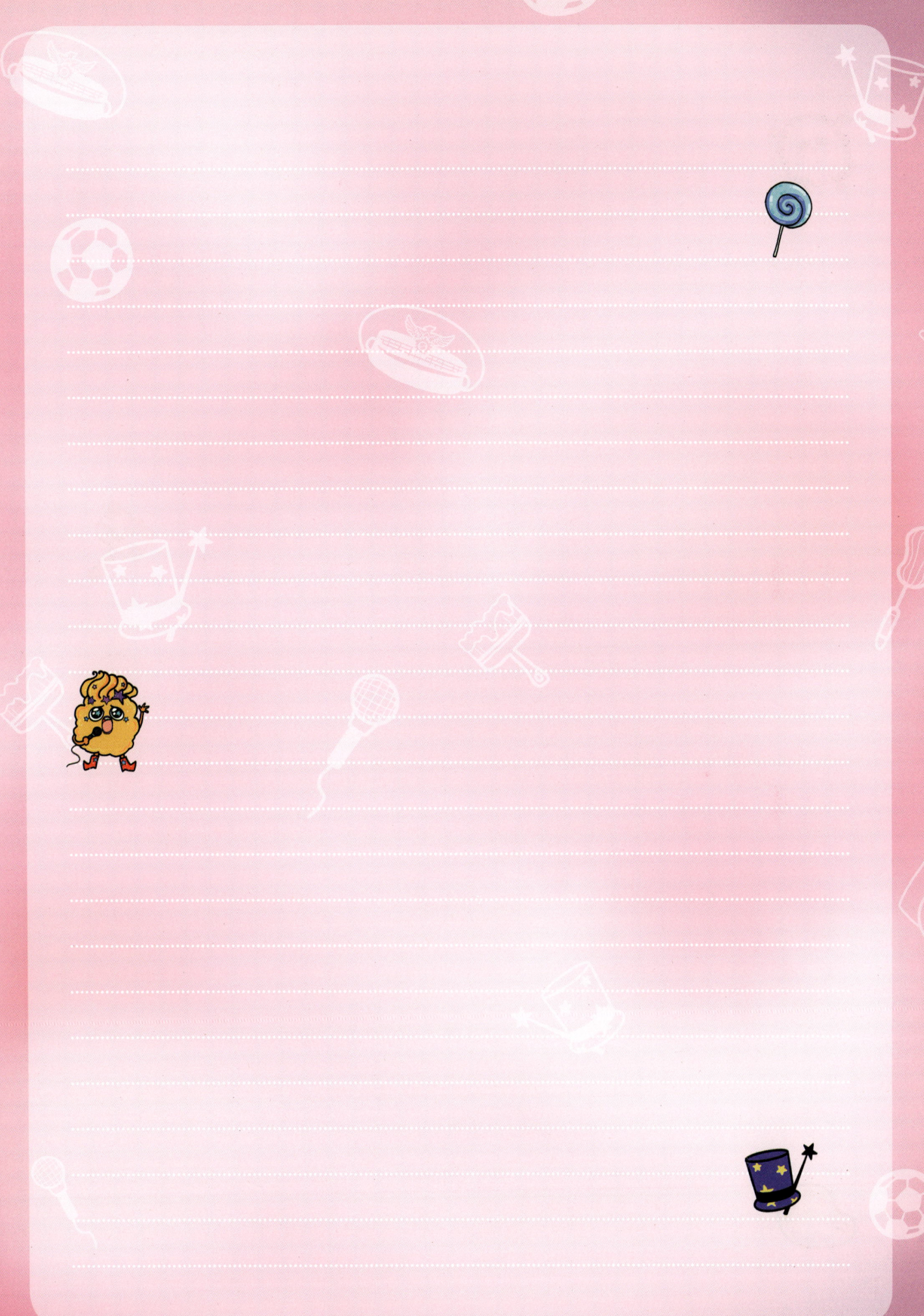

스티커

       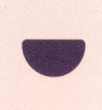